Les Journaux

Henry James

Les Journaux

Traduit de l'anglais et présenté par

JEAN PAVANS

Bernard Grasset
PARIS

THE PAPERS

a été publié à Londres en 1903

UNE ENQUÊTE SUR LE VIDE

La Presse jouait un rôle considérable dans les rapports avec la réalité. Seul « mass media » du dix-neuvième siècle, et en plein essor, jusqu'à la Grande Guerre, c'était, autant que l'édition, la grande issue de l'univers imaginaire et intellectuel d'un écrivain, et une importante source de revenus. Les romans, les nouvelles, paraissaient en feuilleton, et nous devons sans doute moins nous étonner, génie mis à part, de certaines extraordinaires fécondités littéraires, si nous n'oublions pas qu'elles étaient suscitées, stimulées, par l'énorme appétit des périodiques.

Les publications éphémères furent ainsi des étapes usuelles, avant la destination des livres, de l'œuvre immense de Henry James : pour ses fictions, mais aussi pour des articles plus ou moins circonstanciels, sur la littérature, sur la peinture, sur ses voyages, qui forment un prodigieux corpus d'essais et de critiques qui toutefois semble obéir essentiellement à des nécessités internes. Cependant, il avait eu ce qu'on pourrait appeler sa seule véritable expérience de journaliste lorsque, en 1875, à l'âge de trente-deux ans, décidé à quitter l'Amérique pour l'Europe, il s'était rendu à Paris pour y passer une année, avant de se fixer définitivement à Londres : en partie pour financer ce séjour, il s'était assuré une fonction de correspondant auprès de la *New York Tribune* ; il s'agissait d'envoyer chaque quinzaine une chronique sur la vie de la capitale française. Si c'était aussi un moyen de donner une réalité à une libre sensibilité riche et raffinée, il y eut alors une sorte de retour de réalité. Après le vingtième envoi, la *Tribune* objecta à leur auteur que ses chroniques (réunies presque un siècle plus tard par Leon Edel sous le titre de *Parisian Sketches, Esquisses parisiennes* dans ma traduction) étaient « trop éloignées des intérêts populaires », que les lecteurs du journal aimaient « la brièveté, la variété, et le traitement de sujets d'intérêt plus large », et que sous peu l'actualité américaine ne laisserait aucune place à une correspondance étrangère. Bref, on mit brutalement fin à sa collaboration, ce dont, orgueilleusement, il prétendit ne pas être surpris, et qui ne fit qu'augmenter son dégoût d'origine pour « la vulgarité et le caractère repoussant » du quotidien qu'il avait lui-même sollicité. Mais ce déboire d'écrivain « professionnel » le marqua presque autant que par la suite son échec au théâtre, et fut pour lui une source régulière de féroces satires, comme celle de *The Reverberator*, roman, publié en 1887, sur la débâcle, causée par la presse à scandale, d'une famille apparemment honorable.

Parus en 1903 – non pourtant en feuilleton, mais seulement dans un recueil intitulé *The Better Sort* –, *The Papers*, *Les Journaux*, furent rédigés au cours de l'été et de l'automne 1902, en même temps que ce plus profondément intime des chefs-d'œuvre, *La Bête dans la jungle*, et que *La Maison natale*, fantaisie sur la vanité de vouloir saisir l'homme derrière l'œuvre, le « natif » de la maison en question n'étant pas précisé, mais étant clairement calqué sur Shakespeare. Si on peut voir une continuité d'inspiration entre ces trois nouvelles, c'est, d'une part, parce que le couple « platonique » de John Marcher et de May Bartram, dans le chef-d'œuvre intime, est puissamment, et finalement tragiquement, lié par la présence entre eux, ou l'absence omniprésente, d'une « bête » qui est toujours là justement parce qu'elle n'y est jamais (« ce qui a eu lieu, c'est que rien n'a eu lieu », ce dont mourra May), de même que, dans *Les Journaux*, Howard Bight et Maud Blandy sont unis par leur obsession d'un mystère sanglant qui ne sera pas élucidé ; et, d'autre part, et en apparence plus superficiellement, parce que James compare son Howard et sa Maud à des créatures du génie *derrière* la « maison natale », au « mélancolique » Jacques et à la « virile » Rosalinde de *Comme il vous plaira*.

Dans un de ses inépuisables essais où elle sonde les sources culturelles de l'inspiration jamesienne, *The Book World of Henry James*, Adeline Tintner consacre un chapitre à *The Papers* pour y analyser en détail la fonction des références shakespeariennes. La « déviation référentielle » la plus significative, peut-être, est d'avoir accouplé Maud-Rosalinde, non à un athlétique Orlando, mais à un féminin et « sardonique » Howard-Jacques, Jacques étant il est vrai le personnage masculin le plus frappant et le plus attachant de *As You Like It*, et aussi le plus « jamesien » en ce qu'il reste en marge de l'action. Comme Rosalinde et Célia, comme Orlando et Jacques, Maud et Howard sont entièrement déterminés par un monde absurde dans sa brutalité, ou brutal dans son absurdité, auquel ils doivent enfin échapper. Ils ont même leur « forêt des Ardennes », qui est le parc de Richmond, où ils se réfugient un dimanche, et où, avec son détachement ironique, Howard fait sa déclaration à son amie. Cependant, leur association amoureuse est d'autant plus un refuge dans l'authenticité que rien à première vue ne la « désigne » comme telle – à l'inverse de l'association avec May Bartram qui permet à John Marcher de passer aux yeux du monde pour un « homme ordinaire », et de dissimuler sa « bête ». Maud Blandy est asexuée, elle est plate sous son canotier et se sent insignifiante (*« bland » :* terne, insipide ; *« blandly » :* platement) ; Howard Bight, en face d'elle, a « par comparaison l'allure d'une jeune fille » ; soit qu'il « réprime » des attitudes viriles « par conscience de la prédominance de sa compagne », soit qu'il les garde « latentes » « tout simplement parce qu'il estime superflu de les manifester » ; ses mots de tendresse pour Maud sont même parfois « mon bonhomme » ou « mon petit vieux » ; bref, ce couple émouvant s'est formé dans une nécessité partagée, dans des caractéristiques paradoxalement complémentaires, dans un même détournement de véritables préoccupations, et sans éprouver le besoin de parader. Orlando paradait brillamment, et sa parade virile, faite pour une Rosalinde travestie en garçon sous le nom de Ganymède, s'égarait peut-être quelque peu hors des limites non balisées de l'authenticité.

Shakespeariens, sans doute, sont la jubilation verbale, les jeux de mots (sont mentionnés en passant certains Lord et Lady Wispers of Undertone, quelque chose comme Lord et Lady Chuchotements de Voix-Basse), les enchaînements allusifs, la cocasserie grandiose ; et aussi l'arrière-pensée théâtrale. Un mot revient souvent au cours du texte ; c'est le mot *« ply »*, lequel – m'a expliqué Adeline Tintner à qui j'ai eu recours – est une prononciation cockney de *« play »*, « pièce de théâtre ». Howard et Maud se demandent si ce qui les préoccupe vaudrait pour une *« ply »*, ou plutôt pour *« a tile »*, c'est-à-dire, dans leur façon de parler, *« a tale »*, un conte, un récit, une nouvelle. C'est une annonce de l'issue qu'ils vont trouver ; car, en plus de se marier, ils vont, en abandonnant le journalisme de ragots, devenir *« littery »*, autrement dit *« literary »*, « littéraires », dans l'idée de faire une *« ply »* ou un *« tile »* de ce qu'ils ont fui, ou qui leur a échappé – de même, le gardien de *La Maison natale*, Morris Gedge, décide, avec grand succès, de broder à l'aide de son imagination sur ce qu'on *ignore* à propos du génie qui y est né. Mais c'est également un reflet ironique du propre souci du James « dernière manière » de dramatiser ses fictions, d'en faire du théâtre (que j'ai fait prononcer *thiatre* à ses personnages, faute de mieux) sur une scène abstraite, idéalisée, qui compensera le vide des ragots sur l'insaisissable réalité par la plénitude de la présence d'un traitement complexe et virtuose. « C'est l'art qui *fait* la vie », devait-il gravement écrire le 10 juillet 1915 à son ami Herbert George Wells, « qui fait l'intérêt, qui fait l'importance, [...] et je ne connais aucun substitut d'aucune sorte à la force et à la beauté de son processus. » L'art, mais aussi l'amour sans parade, du moins dans l'heureux cas de Maud Blandy et Howard Bight.

Cependant, dans *Les Journaux*, il y a ceci de singulier que leur sujet, ou leur thème – la manipulation du vide, le vide trouvant une chambre d'écho particulièrement retentissante dans l'ineptie de la presse –, s'expose par une manipulation parallèle du lecteur autour de rien, pour le mener à la constatation d'autre chose. Le « mystère Beadel-Muffet », cet « éminent personnage public » ayant tout fait pour qu'on parle de lui, unique cause de son éminence, et qui maintenant a d'obscures raisons pour désirer se retirer dans l'ombre, progresse et s'épaissit à force d'éditions spéciales, donc d'apparents coups de théâtre dans le récit. « Révélations Stupéfiantes ! » crie-t-on sur le Strand. Mais Howard objecte à Maud : « Vous vous contentez donc de lire les titres ? On *s'attend* à des Révélations Stupéfiantes. Voilà le vrai contenu du texte. » Peu importe, en somme, que le mystère soit résolu ; l'essentiel, c'est, d'une part, qu'il ait tenu son monde en haleine, ce qui est sa fonction intrinsèque, et, d'autre part, c'est que l'absence de solution démontre, en quelque sorte par l'absurde, que si le manipulateur impliqué, Howard Bight, renonce, dépassé et écœuré (mais il était écœuré dès l'origine), à en savoir ou à en dire davantage, la raison en est que pendant tout ce temps il a été beaucoup plus intéressé à manipuler autre chose, à savoir les sentiments de Maud Blandy, pour atteindre son autre but, but véritable, qui était de la conduire au même écœurement (qu'elle n'avait pas à l'origine) et au même renoncement, afin qu'elle accepte de l'épouser. Maud aboutit ainsi au choix silencieux d'une authenticité humaine, elle qui était présentée comme une caisse de résonance du tintamarre.

Le tintamarre fait autour de l'impossible disparition de Sir A.B.C. Beadel-Muffet est une scène burlesque (avec faux suicide et vrai cadavre) de la comédie d'un journalisme créant de toutes pièces des notoriétés de pacotille, mais, telle qu'elle est révélée, ou plutôt pénétrée, par un humour inquiet et inquiétant, la frivolité de ce monde « rugissant comme un zoo à l'heure des repas » peut maintenant faire fortement songer à la monstruosité des médias contemporains quand ils se nourrissent de « la viande fraîche » de tragédies en direct, en temps curieusement dit « réel ». Dans ces cas aussi leur propre « vocifération » est leur vrai contenu, trou noir qui détourne et où s'absorbe toute matière personnelle, sans d'ailleurs avoir toujours besoin de tragédies et de « temps réel », car leur seul rythme acharné suffit à mettre au pas les consciences et les choses les plus insignifiantes – ce même rythme, alors dans l'enfance de l'« art horrible », qui contraignait la pauvre Maud à lire l'heure, à mesurer le Temps, « au cadran des Journaux ». Le cadavre inconnu verrouillé dans une chambre d'hôtel du « lointain » Francfort-sur-l'Oder est pour ainsi dire le noyau de l'importance que s'attribue le vide, « bête » dont l'horreur précise n'est que de secouer rudement l'imagination de Maud, avant qu'elle n'en vienne à la véritable importance, qui est celle de ses rapports avec Howard, en constatant, quant à tout le reste : « Il n'y a rien *derrière*. Il n'y a aucune horreur. » Encore que le mariage, couronnement de l'authenticité de leurs rapports manigancé par Howard... eh bien, le mariage, *leur* mariage, « projet ridicule » dont elle s'est nettement méfiée avant d'y céder, sera, dit-elle en conclusion, quelque chose qu'ils pourront « faire paraître dans les Journaux », donc dénué, peut-être, de substance.

Or si, comme toujours, Henry James mène ainsi son lecteur au cœur authentique, foisonnant et intemporel des choses, c'est justement en raison de son grand souci, et grâce à son merveilleux pouvoir, de capter l'air du temps, et de restituer la riche et concrète saveur de son époque par des procédés de grande littérature. Les tavernes étouffantes du Strand sont là, et les frondaisons du parc de Richmond, et les théâtres où s'exhibe « l'étrange âme finnoise » – en une période où le public londonien faisait la découverte de l'âme norvégienne d'Ibsen. Le théâtre du temps apparaît avec d'autres bizarreries, et surtout avec la figure de Mortimer Marshal, obscur dramaturge qui n'a pas l'âme finnoise et qui brûle d'envie de *vivre* dans les Journaux comme y vit Beadel-Muffet. C'est en outre, ce personnage pitoyable, le moyen annexe de faire s'épanouir le premier « germe » de l'histoire qui est venu à l'esprit de James, et qu'il a noté dans ses *Carnets* à la date du 19 octobre 1901 : celui d'une petite journaliste à qui les gens qu'elle sollicite ne répondent jamais ; et, « par antithèse », d'un autre sur qui on se précipite « pour réclamer en hurlant de la publicité » ; la « tristesse » du premier cas, et la « laideur » du deuxième ; « les divers aspects de l'égotisme humain et du chambardement des journaux » ; « l'opposition, la conjonction, la *rencontre*, de la pauvre ratée et de l'homme susnommé ». Ce que Maud a *raté* avec ce Marshal qui a été le seul à l'avoir reçue, placer un article sur lui, Howard ne le réussit que trop : « de la quintessence de journalisme ; une colonne concoctée à partir de rien, une omelette, pour ainsi dire, faite sans même casser les deux ou trois œufs qui auraient pu paraître le prix nécessaire à sa confection ». Tandis que Maud propose, avec une amertume moqueuse qui n'est peut-être pas parfaitement clairvoyante, de s'occuper de Beadel-Muffet pour l'aider à « sortir » des Journaux : « Moi je peux être sûre qu'un article, venant de moi, ne sera même pas parcouru, qu'il sera directement jeté au panier. C'est ainsi que j'aurai réglé l'affaire, que j'aurai rompu le maléfice, rien qu'en m'y mêlant. C'est ma seule capacité... je mets fin aux choses rien qu'en les touchant. Il n'y aura plus jamais un seul mot sur lui. »

Il faudrait sans doute en effet qu'il n'y ait plus aucun mot vide sur le vide, ou, en d'autres termes, qu'on cesse de relayer machinalement et frénétiquement le vide comme si c'était la seule vraie grande plénitude. Et si ce n'est pas dans les Journaux, ni même dans une revue littéraire, que Henry James a fait paraître cette réjouissante satire de la Presse, s'il l'a conçue, dans sa retraite de Rye qui était comme sa propre « forêt des Ardennes », pour la fixer, dans la sécurité silencieuse d'un livre, près des profondeurs intimes de *La Bête dans la jungle*, comment ne pas voir dans ce fruit de serre un des merveilleux produits exemplaires, délectables et révélateurs, d'une maturation inlassable, riche d'une compassion proportionnée au détachement, orientée enfin vers toujours plus d'*importance* littéraire et humaine à distinguer au cœur – et à placer à l'écart – des plus monstrueuses ou des plus burlesques frivolités ?

JEAN PAVANS

I

Il y eut une période assez longue – la durée dense d'un hiver londonien, égayé, si on peut appeler cela égayé, par des lumières électriques blafardes, de féroces lueurs et clartés « incandescentes » – où ils se rencontrèrent à plusieurs reprises, à l'heure des repas, dans une petite taverne pas vraiment savoureuse, à un jet de pierre du Strand. Ils parlaient toujours de tavernes, d'heures de repas – ce qui, pour eux, signifiait n'importe quand entre une heure et quatre heures de l'après-midi ; ils parlaient de la plupart des choses, même de certaines des plus importantes, d'une manière qui donnait, ou voulait donner, quant aux conditions de leur vie, la mesure de leur détachement, de leur dédain, de leur ironie générale. Leur ironie générale, qu'ils s'efforçaient en même temps de maintenir joyeuse et de rendre amusante au moins l'un pour l'autre, était leur refuge contre le manque de saveur, le manque de serviettes, le manque, trop souvent, de shillings, et de maintes autres choses qu'ils auraient aimé posséder. Presque tout ce qu'ils possédaient avec un peu de certitude se résumait à leur jeunesse, complète, admirable, très près d'être invulnérable, ou jusqu'alors inattaquable ; car ils ne comptaient pas avec leur talent, qu'ils avaient à l'origine tenu pour acquis et qu'ils n'avaient depuis lors pas réévalué, faute de liberté de pensée, ou de raison impérieuse.

Ils abordaient d'autres questions et d'autres estimations – les remarquables limites, par exemple, de leur chance, la remarquable petitesse du talent de leurs amis. Ils étaient par-dessus tout dans cette phase de la jeunesse et dans cet état d'aspiration où la « chance » est la référence la plus fréquente, aussi précise que la couleur rouge, et où c'est le nom élégant qu'attribuent à l'argent des gens qui sont aussi raffinés qu'ils sont pauvres. Elle n'était qu'une jeune femme de banlieue portant un canotier, et lui un jeune homme dénué, à strictement parler, d'occasion de porter un « haut-de-forme » ; mais ils sentaient qu'ils jouissaient d'une façon particulière de la liberté de la ville, et la ville, si elle ne faisait rien d'autre, ouvrait des perspectives à l'esprit. Ils allaient parfois, lors d'excursions qu'ils disaient professionnelles en gémissant, très loin du Strand, mais la curiosité avec laquelle ils revenaient était beaucoup plus grande que toute autre, le Strand étant pour eux, avec son extension à Fleet Street, l'image irrésistible des Journaux, et les Journaux étant, à première vue, tout l'ameublement de leur conscience.

La Presse Quotidienne jouait pour eux le rôle du nid abrité dans un buisson agité pour des oiseaux qui tournoient dans l'air autour de leurs petits. C'était, telle qu'ils la considéraient essentiellement, un récipient qui devait sa forme à un instinct plus remarquable, selon ce qu'ils pensaient de l'instinct journalistique, que même celui de l'animal le plus hautement évolué, un réceptacle dans lequel régulièrement, sans reprendre haleine, on déposait des pâtures – toutes sortes de miettes et de bricoles qui se convertissaient d'une manière ou d'une autre en matière digeste, et qui étaient toutes apportées par le bec le plus prompt possible, dans un battement de petites ailes épouvantablement fatiguées. S'il n'y avait pas eu de Journaux, il n'y aurait pas eu pour nous de jeunes amis du type que nous évoquons, ces compagnons de hasard, las et innocents, et pourtant sagaces jusqu'à la clairvoyance, aptes à repousser leurs assiettes et à appuyer leurs coudes sur la table dans l'intervalle entre la tournée des chopes et les exigences de la terrible désinvolture de leur activité.

Maud Blandy buvait de la bière – et libre à elle, pourrait-on dire ; et elle fumait des cigarettes quand l'intimité le permettait, bien qu'elle se tînt dans certaines limites à cet égard, de même qu'elle se flattait de se tenir dans certaines limites journalistiques quand il s'agissait de prendre d'autres libertés. Elle était un vrai produit du jour – à tel point qu'on aurait pu croire que, semblable à un insecte éphémère et inquiet, elle renaissait chaque matin pour n'exister que jusqu'au soir. C'était comme si tout un passé était perdu pour elle, et qu'aucun avenir ne l'attendait ; elle était en elle-même, pour employer du moins le vocabulaire de sa grande préoccupation, un « tirage », une « édition spéciale », sortant aux heures bruyantes pour vivre sa vie, au milieu du fracas des véhicules, de la bousculade des trottoirs, du cri des vendeurs de journaux, selon la force du défi à lancer, à clamer et à distribuer, du choc à administrer, suivant les humeurs variables de Fleet Street, aux nerfs de la nation. Bref, Maud était un provocateur en jupons, et cela aussi bien pour la rue, pour les clubs, pour les trains de banlieue, et pour les humbles foyers ; quoiqu'il faille ajouter en toute franchise que les jupons n'étaient pas sa caractéristique essentielle. C'était une des raisons, à une époque d'« émancipations », de son intense actualité, aussi bien, c'était clair, qu'une bonne fortune à laquelle, quelque impersonnel que pût être son aspect, elle n'était pas elle-même en position de faire pleine justice ; le bonheur d'avoir si naturellement l'air d'être un jeune célibataire qu'elle échappait à tout avilissement engendrée par la précipitation et par la cohue. On pouvait dire en toute vérité qu'elle aurait moins plu, ou qu'elle aurait davantage choqué, si elle avait été obligée, ou avait eu la tendance, d'affirmer – ce qui aurait été très certainement vain – la supériorité de son sexe. La nature, sa constitution, le hasard, quel que soit le nom qu'on lui donne, l'avaient soulagée de ce souci ; le *struggle for life*, le combat pour la vie, la compétition avec les hommes, le goût du jour, la mode de l'heure, l'avaient *rendue* supérieure, ou en tout cas l'avaient rendue indifférente, et elle n'avait aucune difficulté à le rester. La chose était donc, avec l'aide d'une extrême platitude générale de sa silhouette, accomplie assez tranquillement, sans qu'une grâce, une faiblesse inconséquente, une humeur vagabonde vinssent entraver sa réussite ; et ce n'est pas trop de dire que cette réussite – dans le sens le plus ordinaire du terme – ne vous aurait sans doute jamais autant frappé que dans les moments de camaraderie fortuite de notre demoiselle avec Howard Bight. Car ce jeune homme, même si ses caractéristiques personnelles ne faisaient pas, comme celles de son amie, particulièrement songer à l'étape d'une évolution, n'avait sans doute pas un aspect assez fraîchement et férocement viril pour distancer Maud en ce domaine.

À vrai dire elle donnait à son interlocuteur, par comparaison, l'allure d'une jeune fille. Elle se livrait avec naturel à des attitudes, des intonations, des expressions, que lui-même réprimait par conscience de la prédominance de sa compagne, ou qui restaient latentes tout simplement parce qu'il estimait superflu de les manifester. Doux, sensible, pas trop solide ni trop nourri, et condamné, peut-être à cause d'une profonde illusion sur le résultat final, à de perpétuelles allées et venues, il était tellement résigné à tant de choses, et même tellement dégoûté par tant d'autres, que le moindre de ses soucis était de montrer un front hardi. Ce qui le souciait pourtant, c'était de montrer un front suffisamment hardi pour s'assurer son dîner, et il n'était jamais autant dénué d'agressivité que lorsqu'il sollicitait en personne ces bribes d'information, arrachées à des particules flottantes de nouvelles, dont dépendait son dîner. S'il avait consacré un peu plus de temps à réfléchir à son propre cas, il aurait compris qu'il appréciait Maud Blandy en partie parce qu'il avait l'impression qu'elle pouvait faire quelque chose pour lui ; quant à ce qu'elle pouvait faire pour elle-même, il ne s'en était jamais avisé. De plus, il avait une très vague notion de ce dont il avait besoin ; c'est-à-dire que cette notion existait sur le moment, mais comme indice de la nécessité de continuer à vivre, malgré le manque d'encouragement. Il avait en fait le sentiment que Maud était le seul encouragement qu'il eût jamais reçu, et cela par la seule force de l'exemple, car elle avait aux lèvres des préceptes préventifs, de même que des propos libres, un jugement prompt, et un accent pas absolument pur. En vérité, comme si c'était le comportement le plus facile à adopter avec elle, il était tellement passif qu'il en devenait presque gracieux, et tellement attentif qu'il en devenait presque distingué. Elle-même n'était rien de tout cela, tout cela qui n'était bien sûr pas ce qu'un homme était censé avant tout être ; par là, elle apportait à leurs vues communes la contribution d'impatiences indispensables à une réaction convenable, et formait ainsi une sorte de haie protectrice derrière laquelle il pouvait attendre. Beaucoup d'attente, pour l'un et l'autre, était, je m'empresse d'ajouter, toujours de circonstance, étant donné qu'ils trouvaient leur noviciat interminable et les degrés de leur échelle terriblement écartés. Elle était appuyée, cette échelle, contre le grand mur pierreux de l'attention publique – masse de soutien qui comportait apparemment, quelque part dans les airs, un gros visage ingrat et inexpressif, une figure munie d'yeux, d'oreilles, d'un nez retroussé, et d'une bouche béante, fort commodes si seulement on pouvait les atteindre. En attendant, l'échelle grinçait, craquait, oscillait, sous le poids d'une cohue de grimpeurs, occupant tous les niveaux, le haut, le milieu, les barreaux les plus bas, et obstruant, pour des observateurs placés comme l'étaient nos jeunes amis, toute vue du sommet. Cependant, et en outre, c'était seulement dans le regard retors de Howard Bight – il était de son propre aveu retors – que Miss Blandy était parvenue à monter plus haut que lui.

Elle-même avait jusqu'alors reconnu n'avoir qu'une prise plus assurée et un but plus acharné ; elle avait reconnu, dans des moments de ferveur, qu'elle croyait avoir une vocation ; elle avait reconnu qu'ils avaient été onze dans sa famille, elle-même étant la cadette, et qu'il y avait régné une telle confusion qu'elle aurait aussi bien pu être baptisée John. Par-dessus tout, elle avait sincèrement reconnu que s'ils en venaient à se confier ils ne se retrouveraient nulle part ; pourtant, cette remarque était compatible avec le fait qu'elle eût déclaré que c'était lui qui, relativement, avait eu de la chance. Quand il écrivait à des gens, ces gens étaient d'accord, ou du moins ils répondaient ; la plupart du temps, en l'occurrence, ils répondaient avec avidité, de sorte qu'il n'était jamais sans quelque chose à leur vendre. C'étaient des acheteurs, des spécimens de l'avidité humaine – l'avidité par excellence, l'envie de faire parler de soi, le désir de mordre à l'hameçon de la publicité –, et il en avait réuni une telle collection qu'il aurait pu en faire un musée.

Dans ce musée, l'objet le plus précieux, le spécimen de choix, était depuis quelque temps bien déterminé ; une célébrité du jour jouissant, sans conteste, d'une vitrine individuelle, plus visible que toute autre, devant laquelle le visiteur interloqué pouvait se remettre de sa première surprise. Sir A.B.C. Beadel-Muffet K.C.B., M.P. [1], se tenait bien en avant, grandeur nature. Il devait certes sa position particulière à l'ombre de rapport personnel que Howard Bight pouvait se vanter d'avoir avec lui, mais sa présence émi-

1. K.C.B. : Knight Commander of the Bath, chevalier commandeur de l'ordre du Bain. M.P. : Member of Parliament, membre de la Chambre des communes.

nente dans une telle collection était trop bien justifiée d'une façon notoire et générale. Il était universel et omniprésent, commémoré, sous quelque rubrique fétide, dans chaque page de chaque publication chaque jour de chaque année, élément de chaque numéro digne de ce nom aussi tenace que le titre, la date, et les tarifs de la publicité. Il venait toujours de faire quelque chose, ou était sur le point de faire quelque chose, autour de quoi s'amoncelaient les honneurs des annonces, et, en fait, comme il était ainsi devenu inévitablement l'objet de nouvelles fallacieuses, une moitié de chaque chronique qui lui était consacrée consistait apparemment en un démenti de l'autre moitié. Son activité – qu'il vaudrait peut-être mieux appeler sa passivité – surpassait toutes celles qui figuraient sous les yeux du public, car aucune autre, assurément, ne connaissait des éclipses aussi rares ou aussi brèves. Pourtant, comme il y avait un aperçu aussi bien intérieur qu'extérieur de son histoire courante, la quantité qui en était présentée était facile à analyser pour le possesseur de la bonne cornue. Howard Bight, les coudes sur la table, décomposait cette histoire et la recomposait la plupart des jours de l'année, de sorte qu'une comparaison amusée des notes sur ce sujet ajoutait souvent de douces épices à ses entretiens avec Maud Blandy. Ils connaissaient, ces deux jeunes gens, à bien y réfléchir, maints secrets, mais ils aimaient à penser qu'ils n'en connaissaient aucun d'aussi scandaleux que la façon dont cette personne distinguée parvenait, pour le dire grossièrement, à se faire distinguer.

Ce secret était sûrement connu de tous ceux qui avaient à faire avec les Journaux, assemblée de frères et de sœurs qui avaient évidemment intérêt – car de quoi s'agissait-il, en dernier recours, sinon de l'intérêt de leur pain quotidien ? – à voiler les approches de l'oracle, à ne pas faire circuler certaines vérités en dehors de leur couvent. Tous vivaient pareillement de la solennité, de la sainteté de l'oracle, et les allées et venues, les actions et réactions, les intentions et rétractations de Sir A.B.C. Beadel-Muffet K.C.B., M.P., faisaient à leur degré partie de cette solennité. Les Journaux, pris ensemble dans la gloire du siècle, étaient, quoique superficiellement multiples, fondamentalement un, de sorte que toute révélation du fait que, procurés ou procurables, ils faisaient naviguer un objet qui n'était pas intrinsèquement flottant perdait très logiquement du crédit lorsqu'on allait de la circonférence – où la révélation était susceptible d'être faite – vers le centre. De cela, nos opiniâtres néophytes, en même temps qu'un millier d'autres, étaient parfaitement conscients ; mais quelque chose dans la nature de leur perspicacité, telle qu'elle était, ou dans l'état de leurs nerfs, tel qu'il pouvait aisément devenir, aiguisait presque jusqu'à l'acrimonie leur vénération pour une imitation aussi habile de la voix de la célébrité. La célébrité était complètement une affaire de voix, comme pouvaient le garantir ceux qui avaient l'oreille toujours collée au tube acoustique ; les éléments qui constituaient la somme étaient chacun de la dernière vulgarité, mais leur accumulation était un triomphe – le plus grand que l'époque pût manifester – d'industrie et de vigilance. Après tout, il n'était pas vrai qu'un homme qui, durant dix ans, avait à ce point nourri, endigué, orienté, et répandu les sources bouillonnantes de la publicité n'eût rien fait. Il avait peiné, à sa manière, comme un terrassier avec une pioche ; on pouvait dire qu'il avait gagné à la suite de chaque nuit de labeur la récompense, chaque matin, de sa petite giclée de gloire. Et, même lorsqu'il n'était pas vrai que Sir A.B.C. Beadel-Muffet K.C.B., M.P., dût partir rendre visite au sultan de Samarcande le 23, *mais* qu'il était vrai qu'il partirait le 29, l'attention personnelle requise n'était pas une mince affaire, en tenant compte de la légende et des faits, du mythe et de la signification, de la première erreur naïve et de la sérieuse vérité subséquente – en tenant compte enfin de la déclaration encore à venir selon laquelle cette visite avait dû être annulée en raison des autres obligations plus pressantes de l'invité, et en n'oubliant pas d'en inonder successivement d'innombrables canaux.

Notre jeune homme, par un après-midi de décembre, tendit un journal du soir à sa compagne, en appuyant le pouce sur un paragraphe auquel elle jeta un coup d'œil distrait. À voir son attitude, on aurait pu croire qu'elle savait d'instinct de quoi il s'agissait, et son exclamation eut un ton de satiété.

« Oh, il s'attaque à *elles*, maintenant ?

— S'il s'y est mis, il va s'acharner. Au rythme où va le monde, il y aura toujours une nouvelle à donner. " Nous sommes autorisés à annoncer que le mariage de Miss Miranda Beadel-Muffet avec le capitaine Guy Devereux, du 50e fusiliers, n'aura pas lieu. " Autorisés à annoncer... plutôt ! Alors qu'on a tiré sans arrêt sur tous les fils de la machine ! Ils sont autorisés à annoncer quelque chose chaque jour de l'année, et l'autorisation n'est pas difficile à obtenir. Seulement ses filles, maintenant qu'elles apparaissent, les pauvres petites, et je crois qu'elles sont nombreuses, devront être tenues en réserve et être exhibées chaque fois que les autres sujets feront défaut. Comme ce doit être agréable pour elles de se trouver projetées en l'air, d'un coup du club paternel, comme des balles de golf sur un terrain de banlieue ! Non que je suppose qu'elles n'aiment pas ça... pourquoi supposerait-on une chose pareille ? »

L'impression de Howard Bight sur l'avidité générale paraissait ce jour-là être spécialement vive, et sa compagne et lui étaient tous deux enclins à un de ces retours sur eux-mêmes, et sur le travail qu'ils faisaient, que seuls évitent complètement ceux qui ont un esprit vulgaire.

« Les gens, tels que je les considère, aiment encore mieux qu'on jacasse désagréablement sur eux plutôt que pas du tout : partout où on les observe, partout, du moins, où je le fais, cette conviction se trouve confirmée. Ce n'est pas seulement que, dès qu'on tient un bout de la canne, on les voit sauter dessus comme des poissons affamés ; c'est qu'ils jaillissent d'eux-mêmes hors de l'eau, se bousculent par milliers et arrivent en bancs serrés, avec leurs bouches béantes et leurs yeux globuleux, à notre porte. Quel est le sens de cette expression française, faire *des yeux de carpe** [1] ? Cela fait songer à ces yeux qu'un jeune journaliste distingue partout autour de lui, et je déclare que j'ai parfois le sentiment que, si on a le courage de ne pas fermer les paupières devant un tel spectacle, on voit nettement se ternir la dorure de ses jeunes illusions. Tout le monde fait ça, comme dit la chanson, et ça fait partie de ces surprises qui nous en apprennent le plus dans la vie. On s'était imaginé qu'il y avait quelques âmes élevées qui ne faisaient pas ça... qui ne lèveraient pas le petit doigt pour attirer l'attention de l'oracle, veux-je dire. Mais, bon Dieu, si on leur en donne l'occasion, on s'aperçoit que ce sont les plus avides des avides ! Je vous assure qu'il ne me reste plus une miette de foi en la créature humaine. Sauf, bien sûr, ajouta le jeune homme, en la magnifique créature que vous êtes, et en la créature froide, calme, achevée, ici présente, que vous admettez dans votre intimité. *Nous* faisons face au spectacle. Nous regardons, nous comprenons ; nous savons que nous devons

1. Les mots et expressions en italique suivis d'un astérisque sont en français dans le texte original.

vivre, et comment nous y parvenons. Mais du moins, seuls ensemble, comme en ce moment même, prenons-nous notre revanche intellectuelle, et échappons-nous à l'indignité d'être des crétins traitant avec des crétins. Mais nous n'y pouvons rien ; nous n'avons pas le don... le don, veux-je dire, de ne pas voir. Nous faisons le pire que nous pouvons pour de l'argent.

— *Vous* faites certainement le pire que vous pouvez, répliqua vite Maud Blandy, quand vous êtes assis là, avec vos ruses et vos malices, à me démoraliser. J'ai besoin d'une foi solide, vous savez. Si on n'est pas un crétin, dans notre monde, alors où se trouve-t-on ?

— Oh, je vois ! gémit sans inquiétude son interlocuteur. Attention, ne me laissez pas tomber ! »

Ils se regardèrent par-dessus leurs assiettes vides, et, bien que la lumière sentimentale parût fort peu briller en eux ou autour d'eux, chacun avait visiblement la conviction d'être lié à l'autre. Il aurait été terriblement seul, ce jeune homme doucement sardonique, si cette jeune femme quelque peu sèche ne lui avait pas donné, d'une manière qu'il était trop nerveux pour mettre à l'épreuve, l'impression de se réserver pour lui ; et la conscience de leur absence de ressources, qui était du côté de Maud très compatible avec cette économie de sentiments, devenait un petit peu moins lugubre à l'idée que son compagnon vécût plus ou moins à ses crochets. Il ne s'agissait pas de dépense de shillings – de cela, il n'était guère question ; ce dont il s'agissait, ce n'était peut-être rien d'autre que le fait qu'il fût, comme il disait, « au courant », et qu'il l'y mît constamment, comme si dans ce courant il y avait de la place pour deux. Il lui disait tout, tous ses secrets. Il parlait, parlait, en donnant souvent à son interlocutrice la sensation qu'elle était une personne maigre et raide, dénuée d'art et d'habileté, mais avec suffisamment d'oreille pour qu'on jouât pour elle, parfois étrangement émue, par moments complètement ravie, à l'écoute d'un bon violoniste. Pour elle il était un instrumentiste de génie ; elle n'était sûre ni d'avoir du goût ni de reconnaître les morceaux qu'elle entendait, mais, si elle ne pouvait rien faire d'autre pour lui, elle pouvait du moins tenir l'étui de l'instrument pendant qu'il le manipulait. Il ne leur était jamais venu à l'esprit de se rapprocher davantage, car ils semblaient proches, très proches, du plaisir, quand chacun d'eux, dans leurs jeunes vies convenables, était plus proche de l'autre que de tout autre chose. Aucun ne connaissait de plaisir qui dépassât celui-là. Bref, ce qui les maintenait ensemble était qu'ils fussent dans le même bateau, une coque de noix sur une mer houleuse, et que les mouvements requis pour tenir le cap fussent ce que leur situation non seulement autorisait sans danger, mais aussi offrait en possibilités de réciprocité et d'intimité. Ces conversations au-dessus de marbres blancs et graisseux, régulièrement essuyés avec des chiffons gris humides par des jeunes femmes en uniformes noirs, avec d'inexorables « chignons » tressés sur des nuques malingres, ces séances, parfois prolongées, dans des salles de toiles cirées, au milieu de listes de prix semblables à des règlements pénaux et de pyramides de scones, leur permettaient de se reposer sur leurs rames ; plus ils fréquentaient ces étapes de nutrition avec leurs familles entières, leurs groupes organisés, membres innombrables et indistincts de races particulières, plus ils étaient aptes à choisir ces heures de relative élégance, un peu tôt ou un peu tard, où les petites serveuses fatiguées s'asseyaient mollement, et où les clients sur les banquettes rouges se clairsemaient sinistrement. Et ainsi ils pouvaient renouveler leur entente par des signes, avares et sans façons, qui échappaient à l'attention de témoins. Maud Blandy n'avait pas besoin d'envoyer un baiser de la main à Howard Bight pour lui faire comprendre qu'elle saisissait ce qu'il voulait dire ; d'ailleurs, elle n'avait jamais de sa vie envoyé de baiser de la main à quiconque, et son compagnon n'aurait pas pu l'imaginer le faisant. Leur échange de sentiments était tellement grisâtre qu'on aurait pu croire qu'il n'y avait pas de sentiments du tout ; c'était une réalité atteinte sans étapes, sans nuances, sans formes. S'il avait été blessé ou malade, elle l'aurait pris – à défaut d'autres recours – dans son giron ; mais cela, qui même n'aurait guère pu être maternel, aurait-il été romantique ? Cependant, à ce moment-là, elle en revint à leur sujet général.

« Je ne peux pas m'en empêcher ; je trouve toute cette histoire de Beadel-Muffet trop magnifique... elle m'inspire. Et puis je ressens quelque chose d'inquiétant... j'attends de voir ce qui va se passer avec lui. C'est du génie, vous savez, de faire parler de soi pour rien... d'imposer son idée à la face de tous. Je veux dire son idée de faire parler de soi. Ce n'est pas comme s'il avait fait une chose négligeable. Et qu'a-t-il fait, en somme, quand on y songe ?

— Eh bien, mon petit vieux, il a tout fait. Il n'a rien manqué. Il a été *dans* tout, *de* tout, *à* tout, *sur* tout, *sous* tout ce qui a eu lieu ces vingt dernières années. Il est *toujours* présent et, quoique lui-même ne fasse jamais de discours, il ne manque jamais d'être cité dans les discours des autres. C'est le faire à meilleur marché que les autres, mais ce n'en est pas moins le faire... et c'est ce dont nous sommes en train de parler. Et loin de le faire " à la face " de tous, affirma notre jeune homme, il le fait par l'intermédiaire de tout, puisque les Journaux sont tout, et davantage encore. Ils ont été créés pour des gens comme lui, bien que lui-même soit sans doute sans pareil, et sache les utiliser comme personne. De temps en temps, je parcours un des plus gros quotidiens du début à la fin... c'est un petit jeu palpitant... dans le but d'y voir son nom absent. J'ai cru une fois y parvenir, lorsque, dans la dernière colonne de la dernière page... j'exclus les " publicités ", le ciel nous en garde !... je l'ai découvert grandeur nature et aussi inévitable que la pointe au bout du piquet. Mais, d'une certaine manière, ça va de soi, ça ne peut pas s'empêcher d'aller de soi. Il s'introduit, il éclate, de lui-même ; les lettres, sous les mains de l'imprimeur, composent d'elles-mêmes, par la force de l'habitude, son nom... n'importe quelle circonstance, n'importe quel contexte, étant bons, et le vent, que lui-même a d'abord fait se lever, mais qui continue de souffler, l'entraînant toujours dans sa propre direction. Ce qu'il faudrait vraiment qu'il fasse maintenant, voyez-vous, c'est disparaître de lui-même. Ma parole, ça serait vraiment, ça me frappe, sa disparition, son plus grand exploit en ce domaine. »

L'attention de la jeune fille, pendant que son ami développait sa vision, était devenue plus aiguë. « Il *ne peut pas* disparaître de lui-même. Voilà où il en est. » Elle se tut un instant ; elle réfléchissait. « C'est justement mon idée.

— Votre idée ? Ma foi, une idée est toujours la bienvenue. Que vous faut-il pour l'appliquer ? »

Elle continua de la retourner comme pour en peser la valeur. « On pourrait peut-être en faire quelque chose... seulement, il faudrait de l'imagination. »

Il s'étonna, et elle parut s'étonner de son étonnement. « Est-ce une idée pour une pièce de " thiatre " ?

— Non, elle est trop bonne pour le *thiatre*... et pourtant elle n'est pas assez bonne pour une *nuvelle*.

— Elle serait donc bonne pour un *reman* ?

— Eh bien, il me semble voir ça, dit Maud, et avec dedans beaucoup à en tirer. Mais il me semble le voir comme une question non de ce que vous ou moi pourrions en faire, mais de ce que le pauvre homme lui-même peut en faire. C'est justement ce que j'ai voulu dire à l'instant, expliqua-t-elle, quand j'ai déclaré frémir à l'idée de ce qui pouvait lui arriver. J'y ai déjà songé plus d'une fois. *Alors*, conclut-elle, nous aurons la vie même, le fond de l'affaire.

— Savez-vous que vous avez *vraiment* de l'imagination ? » Fort intéressé, Bight paraissait maintenant saisir la pensée de son amie.

« Je le vois désirant pour une certaine raison, très impérative, se retirer, garder le profil bas, se cacher, en fait, comme un homme " recherché ", mais tout le temps poursuivi par la lumière aveuglante qu'il a lui-même allumée et entretenue, et enfin littéralement dévoré (" comme Frankenstein ", évidemment !) par le monstre qu'il a créé.

— Eh bien, dites donc, vous y avez songé ! » Et le jeune homme rougit visiblement, avec subtilité, en reconnaissant les éléments que ses yeux avaient pour une minute attentivement fixés.

« Oh, répliqua Maud, nous n'aurons pas à le faire. Il le fera tout seul.

— Je m'interroge. » Howard Bight s'interrogeait vraiment. « Le plus drôle serait qu'il le fasse *pour* nous. Je veux dire qu'il désire que nous l'aidions à se retirer.

— Oh, " nous " ! soupira tristement la jeune fille.

— Pourquoi pas, alors qu'il s'adresse à nous pour s'introduire ? »

Maud Blandy écarquilla les yeux. « Vous voulez

dire qu'il s'adresse à vous personnellement? Vous savez sûrement déjà que personne ne s'adresse jamais à moi.

— Eh bien, la première fois, c'est moi qui me suis adressé à lui. Je suis allé directement le voir, je l'ai traité " à domicile ", quelque part, il y a trois ans, comme je vous l'ai certainement dit. Il a aimé, je crois, car c'est vraiment un délicieux vieil imbécile, la façon dont je l'ai traité; il sait mon nom et mon adresse, et depuis il m'a écrit trois ou quatre fois, de sa propre main, pour me demander d'avoir la bonté d'employer les étroits rapports qu'il espérait que j'avais encore avec la Presse Quotidienne pour rectifier la rumeur selon laquelle il était revenu sur son avis concernant la fourniture de couvertures à l'infirmerie de l'asile d'Upper Tooting. Il n'était en aucun cas revenu sur son avis, et il me mentionnait cela, sans abuser davantage de mon temps précieux, dans le seul intérêt de la vérité historique. Et il considérait comme une sorte de commodité que je pusse en tirer quelques shillings, grâce à mes " étroits rapports ".

— Et vous l'avez pu?

— Même pas quelques pence. Tout le monde est tarifé, mais lui est tarifé bas; il a apparemment une valeur que l'argent ne représente pas. On l'accueille toujours, mais on ne paie pas toujours pour l'accueillir. La beauté de la chose, cependant, c'est sa merveilleuse mémoire; il fait bien la distinction entre nous, il ne confond pas le type à qui il a écrit qu'il n'a pas fait ci avec celui à qui il a écrit qu'il a fait ça. Il m'écrira de nouveau un de ces jours à propos d'autre chose... à propos de sa position présumée à la date de la prochaine fête scolaire de l'orphelinat des conducteurs de fiacre de Chelsea. Je chercherai un marché pour cette précieuse denrée, et ça nous maintiendra en contact ; de sorte que si la complication dont vous avez le pressentiment entre effectivement en jeu... l'idée est splendide !... il peut bien une fois de plus se rappeler à moi. Imaginez-le venant demander : “ Que pouvez-vous faire pour moi *maintenant* ? ” » Bight se perdit dans cette heureuse vision ; elle convenait à ravir à sa conscience cultivée de l'« ironie du sort » – conscience si bien cultivée qu'il ne pouvait jamais écrire dix lignes sans employer cette formule.

Cependant, Maud manifesta alors une réserve qui paraissait avoir augmenté à mesure que s'ouvrait cette possibilité. « Je le crois... ça doit entrer en jeu. Ça ne peut pas ne pas le faire. C'est la seule issue possible. Il ne le sait pas ; personne ne le sait, parmi tous ces simples d'esprit : seuls vous et moi le savons. Mais ce ne sera pas joli, ne l'oubliez pas.

— Ce ne sera pas amusant ?

— Ce sera pitoyable. Il faudra trouver une raison.

— Pour qu'il tourne les talons ? fit le jeune homme toujours perdu dans sa vision. En effet, plus ou moins, je vois ce que vous voulez dire. Mais est-ce que ça aura beaucoup d'importance, à part pour le “ thiatre ” ? Sa raison ne concernera que lui. Ce qui nous concernera, ce sera sa frousse et son désarroi, son obligation de faire front à l'incendie, sans rien ni personne pour l'éteindre. Nous le verrons réclamer en hurlant un seau d'eau, et se ratatiner au cœur des flammes. »

Maud s'était assombrie. « On devient cruel. C'est-à-dire que *vous* devenez cruel. Notre commerce pousse à la cruauté, veux-je dire.

— Je le crois... je vois trop de choses. Mais j'aimerais le plaquer.

— Eh bien, répliqua-t-elle vite, je ne tiens pas à le plaquer, mais, à en lire les cartes, on dirait que je devrais bientôt le faire. Je ne vois pas trop de choses, moi. Je n'en vois pas assez. Donc, pour tout le bien que ça me fait... »

Elle avait repoussé sa chaise, et elle cherchait des yeux son parapluie. « Quoi, que se passe-t-il ? » demanda Howard Bight d'un air trop ébahi.

Elle soutint son regard en enfilant de vieux gants délavés. « Eh bien, je vous le dirai une autre fois. »

Il resta en place, avachi, alors qu'elle continuait de s'agiter. « Ne trouvez-vous pas que c'est voir suffisamment de choses que de distinguer le sort fatal de Beadel-Muffet dans la lumière menaçante qui vous le révèle ?

— Oh, ce n'est pas mon affaire, c'est la vôtre. Vous êtes son homme, ou un de ses hommes... il reviendra vers vous. De plus, c'est un cas spécial, et, comme je l'ai dit, je suis navrée pour lui.

— Alors c'est une preuve de ce que vous voyez. »

Elle garda un silence qui parut admettre le fait, même s'il était évident qu'elle faisait en elle-même une différence, qu'elle n'exprima pas. « Je ne vois pas ce que je veux, ce dont j'ai besoin. Et *lui*, ajouta-t-elle, s'il a en effet quelque raison, devra en avoir une terriblement forte. Pour être suffisamment forte, elle devra être épouvantable.

— Vous voulez dire qu'il lui faudra faire quelque chose ?

— Oui, quelque chose qui puisse rester insoupçonné, à condition que lui-même puisse sortir des Journaux, et se tenir tranquille un moment dans l'obscurité. Vous saurez de quoi il s'agit ; vous ne serez pas capable de vous en empêcher. Mais moi je ne voudrai pas le savoir, pour rien au monde. »

Elle s'était levée en disant cela, et il était resté assis à la regarder avec un intérêt accru par l'étrange emphase de ces propos, qu'il tourna en plaisanterie, en se levant également. « Ah ! alors, chère et douce créature sensible, je promets de ne pas vous le dire ! »

II

Ils se retrouvèrent quelques jours plus tard, et cela semblait être la loi de leurs rencontres qu'elles eussent surtout lieu dans les proches parages de l'est de Charing Cross. Une représentation en matinée d'une pièce traduite du finnois, déjà donnée plusieurs fois, dans une série de samedis, retenait Maud depuis une heure dans un petit théâtre étouffant et poussiéreux, où l'air, sur les chapeaux « garnis » et emplumés des dames, planait aussi lourdement que sur la flore et la faune d'une forêt tropicale ; à la fin de quoi elle s'extirpa de son fauteuil de parterre de la dernière rangée, pour rejoindre une petite bande de critiques et de correspondants indépendants, spectateurs avec des arrière-pensées et des manchettes crayonnées, qui, se réunissant dans le foyer pour échanger leurs idées, le faisaient avec des expressions allant de « Drôlement bien » à « Effroyable ânerie ». Les idées, de ce calibre, grondaient comme le tonnerre et étincelaient comme l'éclair, de sorte que, perdue dans la discussion, notre jeune femme ne se rendit d'abord pas compte qu'un monsieur placé à l'autre bout du groupe, mais se tenant un peu à l'écart, la fixait des yeux dans un but singulier, mais apparemment très respectable. Il attendait qu'elle le remarquât, et, dès qu'elle le fit, il s'approcha d'elle en s'inclinant avec vivacité. Elle l'avait alors parfaitement situé – situé comme le sujet le plus lisse et le plus luisant qu'elle eût traité dans l'exercice de sa profession ; mais elle le reconnut avec un pincement au cœur que ce salut aimable ne fit qu'aggraver. Elle avait des raisons de se sentir gênée devant ce personnage rose, lustré, courtois, mais visiblement troublé, qu'elle était allée voir « à domicile », comme elle en avait elle-même fait la proposition promptement acceptée, et dont elle avait célébré la « personnalité » sympathique, en même temps que les détails du décor de l'appartement d'Earl's Court Road, meubles Chippendale, photographies, autographes, dans la prose la plus vivante dont elle fût capable. Elle avait décrit avec humour son carlin favori, elle avait révélé, avec sa permission, son type favori de Kodak, elle avait évoqué sa façon favorite de passer le dimanche et lui avait arraché le timide aveu qu'il préférait après tout les romans d'aventure aux romans « psychologiques ». Elle était par conséquent d'autant plus embarrassée qu'il l'avait manifestement abordée, ce qui était touchant à voir, sans aucune intention d'aigreur, sans même celle de faire à leur rapport une allusion qui ne pût être gracieusement expliquée.

Elle l'avait à l'origine considéré – elle en avait eu l'instinct en s'adressant à lui – comme un des heureux du monde, et, « à domicile », en le voyant se prêter si volontiers à un entretien, elle avait éprouvé envers lui une envie plus aiguë, une impression plus poignante des épineuses différences de sort qu'aucune de celles qu'avait pu lui inspirer sa conscience littéraire, qu'elle estimait rigide. Il devait être riche, riche selon ses critères à elle ; en tout cas, il avait tout, alors qu'elle n'avait rien – rien d'autre que le vulgaire besoin de lui donner, pour de l'argent, si elle pouvait en obtenir, l'occasion de se vanter de la chance qu'il avait. En réalité, elle n'avait pas obtenu d'argent, elle n'avait même pas réussi à placer son article ; et c'était un rude commentaire pratique sur le fait qu'elle lui eût déclaré – avec un vain pathos, elle devait vite s'en apercevoir – à quel point il était « important » pour elle de pouvoir approcher des gens comme lui. Cette obscure célébrité n'avait pas eu besoin de cet argument ; il lui avait non seulement permis, avec empressement, comme elle avait dit, de se faire la main, mais lui aussi avait fait un essai *avec* elle, fébrilement, et avec pour principal résultat de lui montrer qu'il y avait des gens encore plus exclus qu'elle. Il aurait pu dépenser de l'argent, il aurait pu faire publier deux grandes colonnes à ses propres frais ; mais cela faisait justement partie du luxe assez agaçant dans lequel il vivait, qu'il eût des scrupules à agir ainsi, qu'il voulût passionnément savourer la friandise sans avoir à l'acheter. Il voulait que la pomme d'or se présentât d'elle-même, là où pourtant l'arbre ne paraissait guère capable de se déployer tout seul pour lui. Il avait confié à Maud son véritable secret – à savoir que pour être inspiré, pour travailler avec fruit, il devait sentir qu'il était apprécié, qu'il obtenait d'une certaine manière un plein écho. L'artiste, nécessairement sensible, vivait d'encouragements, en sachant, en constatant, que les gens s'intéressaient un peu à lui, s'y intéressaient même assez pour qu'il en fût un rien flatté. Ils en avaient discuté, et il s'en était entièrement remis à elle, à ses pouvoirs, comme il avait dit. Il lui avait chuchoté à l'oreille que c'était peut-être une faiblesse et une stupidité, mais que pour être absolument lui-même, pour faire quoi que ce fût, et certainement pour faire de son mieux, il avait besoin du souffle de la sympathie. Être systématiquement ignoré – eh bien, c'était pour lui être écrasé dans l'œuf. Il adorait être remarqué, éloges mis à part – voilà tout. Il avait eu peur qu'elle ne trouvât qu'il en avait trop dit, mais elle l'avait quitté en ayant néanmoins obtenu l'autorisation d'en répéter une partie. Ils étaient même convenus qu'elle saurait répéter joliment qu'il adorait les éloges ; car il était sûr de pouvoir lui faire confiance pour tourner cela avec goût.

Elle lui avait promis de lui envoyer les épreuves de

l'entretien, mais elle avait seulement pu lui envoyer une copie dactylographiée. Si *elle*, après tout, avait eu un appartement orné – déjà rien que dans le salon – de quatre-vingt-trois photographies, toutes dans des cadres de peluche ; si elle avait vécu dans Earl's Court Road, avait été rose et lustrée et bien nourrie ; si elle avait eu l'air en outre, selon l'expression qu'elle employait toujours quand elle désirait désigner sans vulgarité la bonne place sur l'échelle sociale, « indubitablement racé » – si elle avait possédé tout cela, elle aurait dédaigné toutes les autres friandises, elle se serait accrochée le plus possible à ses biens et aurait laissé le monde divaguer, aurait passé ses dimanches à remercier en silence sa bonne étoile, et ne se serait pas souciée de faire la distinction entre les divers types de Kodak, ou même les diverses « méthodes » des romanciers. Bref, mis à part cette démangeaison impie, il était tellement la personne qu'elle aurait aimé être que le fait qu'il lui parlât comme s'il l'avait abordée seulement pour lui faire part de son opinion sur l'étrange « âme » finnoise était pour elle l'ultime consécration de sa personnalité. Il avait assisté à toutes les représentations – il était venu quatre samedis de suite ; tandis que Maud avait dû attendre ce jour-là, quoique son pain quotidien en dépendît, pour avoir son tour et disposer d'une place ostensiblement mauvaise. Peu importait *pourquoi* il était venu – et qu'il le fût dans l'espoir de voir son nom imprimé quelque part comme celui d'un « spectateur notoirement fidèle » de cette intéressante série ; il importait seulement qu'il la libérât aisément de tout reproche, et pourtant qu'il y eût une faim inquiète, curieuse de la part de quelqu'un de gavé, dans son œil séduisant, que maintenant elle ne trouvait guère intelligent, même si cela non plus n'avait pas d'importance.

Howard Bight fit son apparition au moment où elle démêlait ces impressions, et elle se trouva ainsi s'écarter un peu de son client. Son autre ami, qui venait à peine d'arriver et qui paraissait attendre de pouvoir lui parler, offrirait le prétexte d'une interruption avant que le pauvre monsieur ne pût se mettre à l'accuser de l'avoir déçu. Elle s'était tellement déçue elle-même qu'elle aurait été prête à lui répliquer que ce n'était guère à *lui* de se plaindre ; par bonheur, la sonnerie annonça la fin de l'entracte, et Maud se détendit. Tout le monde regagna son siège, et son *camarade* * – elle le connaissait assez pour le désigner souvent ainsi – eut la possibilité, grâce au changement de place de certains spectateurs, de s'asseoir à côté d'elle. Il apportait avec lui le souffle des affaires ; courant d'un rendez-vous à l'autre, il n'aurait peut-être le temps que de voir un seul acte. Il avait déjà vu les autres, et la façon dont il se glissait dans le troisième, après avoir, une fois précédente, attrapé au vol le quatrième, fit de nouveau sentir à la jeune fille qu'il menait une vie réelle. Elle n'en menait qu'une terne imitation. Cependant, au moment où le rideau allait de nouveau se lever, il avoua d'une certaine manière, en demandant : « Qui est votre gros ami ? », l'avoir surprise en train de rendre sa propre vie plus brillante.

« Mortimer Marshal ? répéta-t-il après qu'elle lui eut répondu avec un peu de sécheresse. Jamais entendu parler de lui.

— Eh bien, je ne le lui dirai pas. Mais vous avez entendu parler de lui, reprit-elle. Vous avez seulement oublié. Je vous ai dit que j'étais allée le voir. »

Bight réfléchit – cela lui revenait, maintenant. « Ah oui, et vous m'avez montré ce que vous en aviez fait. Je me souviens que votre article était charmant.

— Je m'aperçois que vous ne vous souvenez de rien, répliqua Maud encore plus sèchement. Je ne vous ai pas montré ce que j'en avais fait. Je n'en ai jamais rien fait. Vous n'avez pas vu mon article, et personne ne l'a vu. On n'en a pas voulu. »

Elle parlait avec une vibration étouffée, mais, alors qu'ils continuaient d'attendre, cela le poussa à la regarder ; par quoi elle fut un peu plus déconcertée. « Qui n'en a pas voulu ?

— Personne n'en a voulu, nulle part. Et personne n'en voudra nulle part. Il est pitoyable, ou plutôt c'est moi qui le suis. Je ne vaux rien. Et il le sait.

— O...oh ! protesta aimablement mais vaguement le jeune homme. Est-ce qu'il vous en a fait la remarque ?

— Non... c'est ce qu'il y a de pire. Il est trop épouvantablement courtois. Il pense que je peux faire quelque chose.

— Alors pourquoi dites-vous qu'il sait que vous ne pouvez rien faire ? »

Elle était impatiente ; elle renonça. « Eh bien, je ne sais pas ce qu'il sait... sauf qu'il veut être aimé.

— Vous voulez dire qu'il vous a demandé de l'aimer ?

— Aimé par le grand cœur du public... d'un amour exprimé à travers son organe naturel. Il veut être... eh bien, là où se trouve Beadel-Muffet.

— Oh, j'espère que non ! » s'écria Bight avec une grimace amusée.

Son amie fut frappée par ce ton. « Vous voulez dire que c'est arrivé pour Beadel-Muffet... ce dont nous avons parlé ? » Puis, comme il la fixait avec des yeux étranges, elle sentit augmenter sa curiosité : « Est-ce que c'est vraiment, réellement, arrivé ? Est-ce qu'il s'est passé quelque chose ?

— La chose la plus louche du monde... depuis la dernière fois où je vous ai rencontrée. Nous sommes étonnants, vous savez, vous et moi ensemble... nous *voyons*. Et ce que nous voyons a toujours lieu, en général dans l'espace d'une semaine. Ça ne serait pas cru. Mais ça fera l'affaire pour *nous*. En tout cas, c'est du sport de haut vol.

— Vous voulez dire qu'il s'est littéralement mis à avoir peur ? » demanda-t-elle.

Il voulait visiblement dire mot pour mot ce qu'il avait dit. « Il m'a de nouveau écrit qu'il désirait me voir, et nous avons rendez-vous lundi.

— Alors pourquoi n'est-ce pas la continuation de l'ancien jeu ?

— Parce que ce n'est pas le cas. Il veut savoir de moi, étant donné que je lui ai déjà rendu service, si on ne peut pas faire quelque chose. *On a souvent besoin d'un plus petit que soi* *. Il suffit de rester tranquille, et nous verrons quelque chose se produire. »

C'était fort bien ; mais elle frissonnait manifestement devant l'attitude de son comparse, comme si l'air s'était brusquement refroidi. « J'espère, déclara-t-elle, que vous allez du moins être convenable avec lui.

— Ma foi, vous en jugerez. On ne peut rien faire du tout... c'est trop ridiculement tard. Et c'est bien fait pour lui. Je ne le tromperai sûrement pas, mais je pourrais aussi bien me divertir de lui. »

Les violons s'accordaient ; Maud garda un instant le silence. « Mais vous savez que vous avez plus ou moins vécu de lui. C'est le genre de choses dont vous vivez, veux-je dire.

— Oui... et c'est justement pourquoi je déteste ces choses. »

Elle hésita de nouveau. « Vous ne devez pas en vouloir à ce qui assure votre pain quotidien, vous savez. »

Il regarda droit devant lui, comme s'il trouvait qu'elle s'était montrée sciemment et assez désagréablement sentencieuse. « Mais que diable vais-je faire, sinon justement ne rien faire ? Si notre pain quotidien dépend de l'offensive universelle, je tiens compte de notre intérêt en ne la laissant pas se jouer de nous. Elle ne doit pas en faire à sa tête... ça n'irait pas. Voilà où il en est... et il faut le laisser s'en sortir tout seul. Ce que j'appelle du sport, c'est de voir s'il y parvient.

— Et non de l'y aider, le malheureux ? »

Mais Bight était d'une lucidité inquiétante. « Le plus diabolique, c'est qu'on ne peut pas l'aider. L'aider, pour lui, depuis le jour où il a ouvert les yeux, veut dire faire parler de lui, le mettre en évidence – affreux mot ! C'est la seule sorte d'aide concevable avec lui. Par conséquent, que peut bien faire un type comme lui quand il veut soudain que ça cesse... quand il veut un genre spécial de mise en évidence qui opère comme une trappe dans une pantomime et lui permette de disparaître quand la situation l'exige ? Doit-on mentionner qu'il désire ne pas être mentionné... oh, plus jamais, plus jamais, par pitié ? Vous voyez d'ici le succès que ça peut avoir partout, vous voyez les titres dans les journaux américains ? Non, il doit mourir comme il a vécu... comme le Principal Personnage Public de son temps.

— Eh bien, soupira-t-elle, tout cela est horrible. » Puis, sans transition : « Et que lui est-il arrivé, selon vous ?

— La chose affreuse que j'étais censé ne pas vous dire ?

— Je vous demande seulement si vous estimez qu'il est vraiment dans une impasse. »

Le jeune homme réfléchit. « Ça ne peut certainement pas être qu'il ait changé de nature... oh non ! Ça ne peut être rien de pire que le fait que la femme qu'il désire épouser ait élevé des objections.

— Mais je croyais qu'il était déjà marié... avec tous ses enfants en plein lancement.

— Naturellement ; sinon lui-même n'aurait pas pu se lancer comme il l'a fait à l'occasion de la maladie, de la mort et de l'enterrement de sa pauvre épouse. Vous ne vous souvenez pas, il y a deux ans ? “ On nous laisse entendre que Sir A.B.C. Beadel-Muffet K.C.B., M.P., souhaite particulièrement que ne soient envoyées ni fleurs ni couronnes pour les obsèques de la regrettée Hon. Lady Beadel-Muffet. ” Et puis, le lendemain : “ Nous sommes autorisés à faire savoir que l'idée généralement répandue selon laquelle Sir A.B.C. Beadel-Muffet s'est opposé à l'envoi de fleurs et de couronnes pour les funérailles de la regrettée Hon. Lady Beadel-Muffet repose sur une mauvaise interprétation des convictions personnelles de Sir A.B.C. Beadel-Muffet. Les tributs floraux déjà livrés à Queen's Gate Gardens, remarquables par le nombre et la variété, ont été la source de toute la satisfaction reconnaissante que permet l'affliction du gentleman en deuil. ” Avec naturellement un rectificatif la semaine suivante... quelques inévitables lignes de remarques, de la part du gentleman en deuil, sur le sujet général de la coutume des fleurs et des couronnes aux obsèques, octroyées, à la suite sans doute d'une insistance indiscrète, à un jeune journaliste plein d'avenir toujours assoiffé de paroles authentiques.

— Oh, je devine qui était le jeune journaliste plein d'avenir, déclara Maud au bout d'un instant. C'est vous qui l'y avez poussé.

— Grands dieux non ! Je n'ai fait que traîner derrière lui.

— Ça vous fait paraître d'autant plus cynique, répliqua-t-elle.

— Et qu'appelez-vous " d'autant plus " cynique ?

— Ça vous rend sardonique. Méchant, démoniaque, continua-t-elle.

— C'est ça... c'est cynique. Il ne faut pas abuser des bonnes choses. » Mais il revint sur le terrain qu'ils avaient quitté. « Et en quoi est-il éminent, Mortimer Marshal, disiez-vous ? »

Cependant, elle ne le suivit pas tout de suite, n'ayant pas étanché sa curiosité dans l'autre domaine. « Êtes-vous bien certain qu'il va se remarier, le gentleman en deuil ? »

Son ami manifesta alors de l'impatience. « Ne voyez-vous donc rien, mon petit bonhomme ? Nous avions tous les éléments, n'est-ce pas, il y a trois mois, et puis nous ne les avions plus, et puis nous les avons eus de nouveau. Dieu sait maintenant où nous en sommes. Cependant j'écarte cette question. J'ai oublié le nom ampoulé de la dame, mais elle est sans doute riche, et elle est sans doute convenable. Elle a sans doute posé comme condition qu'il se retire...

qu'il se retire, veux-je dire, de la seule chose dans laquelle il ait jamais été.

— Les Journaux ?

— Les affreux, vulgaires, infects Journaux. Elle lui a sans doute déclaré... je vois ça d'ici, obscurément, bizarrement, mais je le vois... qu'il devait d'abord se retirer, et qu'après quoi ils pourraient parler ; alors elle dira oui, et alors il aura l'argent. Je vois... et bien plus distinctement... qu'il *veut* l'argent, qu'il en a besoin, veux-je dire, terriblement, désespérément, et que ce besoin peut fort bien former l'impasse où il se trouve. Par conséquent il doit faire quelque chose... ce qu'il est en train d'essayer de faire. Ça fournit le motif qui manquait quelque peu à notre tableau, l'autre jour. »

Maud Blandy enregistra cela, mais elle n'en parut pas satisfaite. « Ce doit être quelque chose de pire. Vous prétendez *ça*, afin que votre manque réel de pitié, que vous ne seriez pas capable de me dissimuler, puisse me paraître moins inhumain.

— Je ne prétends rien, et je me moque de ce dont il s'agit ; la bizarrerie, la grandiose " ironie " de l'histoire me suffisent amplement. Cependant, vous, de votre côté, je pense, prétendez soupçonner ce que vous appelez " quelque chose de pire ", à cause du parti pris romantique de votre esprit. Vous voyez les choses en noir. Mais après tout n'est-ce pas assez ténébreux qu'il risque de perdre sa fiancée en fleur ?

— Vous êtes sûr qu'il risque de la perdre ? demanda Maud.

— La justice poétique réclame ça à cor et à cri ; et tout mon intérêt dans l'affaire mise dessus. »

Mais la jeune fille continuait de méditer. « Je croyais que vous affirmiez que personne n'est " convenable ", même à moitié. Où pouvez-vous trouver une femme qui remplisse une telle condition ?

— Ce n'est pas facile, je l'admets. » Le jeune homme se mit à songer. « Il a eu de la chance, s'il en a déniché une. Et ce qu'il y a de tragique pour lui, disons, c'est qu'elle peut le sauver financièrement, mais qu'elle se trouve être ce monstre rarissime, une créature qui a l'estomac délicat. Après tout, il faut bien que le flambeau... celui de la convenance, veux-je dire... soit entretenu ; et il se peut bien qu'il ait pris cette forme féminine singulière.

— Je vois. Mais alors pourquoi cette forme féminine singulière se trouve-t-elle éprouver de l'affinité pour une forme masculine qui est si épouvantablement générale ? Comme il n'est rien d'autre que la publicité qu'il se fait à lui-même, pourquoi ne serait-il pas bien plus normal qu'elle le déteste tout simplement ?

— Eh bien parce que, assez curieusement, il semble que les gens ne le détestent pas.

— *Vous* le détestez, objecta Maud. Vous le tueriez. »

Il tourna vers elle un visage empourpré, et elle s'aperçut qu'elle avait touché en lui un point sensible. « Nous *pouvons* donner la mort, répliqua-t-il avec un sourire appuyé. Et la beauté de la chose, c'est que nous pouvons le faire d'une façon parfaitement correcte. Nous pouvons les y mener. Mais vous-même, avez-vous jamais vu Beadel-Muffet ? poursuivit-il.

— Non. Combien de fois, je vous prie, devrai-je vous dire que je n'ai jamais rien vu ni personne ?

— Eh bien, si vous l'aviez vu, vous comprendriez.

— Vous voulez dire que c'est un homme parfaitement charmant ?

— Oh, il est superbe ! Il n'est pas " rien d'autre " que la publicité qu'il se fait... ou du moins il ne paraît pas l'être : c'est tout son attrait. Mais je vois à quel point vous l'aimeriez vous-même, espèce d'enjôleuse !

— Puisqu'on en parle, je voudrais l'aimer assez pour le plaindre.

— Justement. Ça veut dire, pour une femme, aimer sans retenue, jusqu'à l'immoralité.

— Je ne suis pas une femme, soupira Maud Blandy. J'aimerais bien l'être !

— Eh bien, quant à la pitié, reprit-il, vous serez immorale, je vous le promets, avant de vous en rendre compte. Est-ce que Mortimer Marshal ne vous prend pas pour une femme ? fit-il.

— Vous devriez le *lui* demander, répondit-elle. Comment peut-on savoir soi-même ces choses-là ? » Et elle en revint à Beadel-Muffet. « Si vous devez le voir lundi, ne pourrez-vous pas aller au fond des choses ?

— Oh, je ne vous cache pas que je me promets des

rigolades, mais je ne vous dirai rien, vraiment rien de ce que je verrai, déclara Bight. Vous êtes morbide. Si seulement il est suffisamment mauvais... son motif, veux-je dire... alors vous voudrez le sauver.

— Ma foi, n'est-ce pas justement ce que vous-même devrez prétendre faire pour lui ?

— Ah, je crois vraiment que vous allez inventer un moyen, rétorqua le jeune homme.

— Je le ferais, si je le pouvais. » Puis elle se tut. « Voici mon gros ami », reprit-elle bientôt, alors que l'entracte se prolongeait pesamment, et que Mortimer Marshal, dans une rangée bien plus proche de la scène que la leur, se contorsionnait sur son siège exigu, apparemment pour la tenir à l'œil.

« Il a vraiment l'air de vous prendre pour une femme, déclara Bight. Je crois deviner que c'est un " litt'raire ".

— En effet ; si gravement *litt'raire* qu'il a écrit cette pièce, *Corisanda*... vous devez vous en souvenir, avec Beatrice Beaumont dans le rôle principal, qu'on a représentée durant trois matinées en cet endroit même, et qui n'a même pas eu la chance d'être éreintée. Chaque créature liée à la production, de cet homme lui-même et Beatrice *elle*-même jusqu'aux mères et aux grands-mères des jeunes femmes à six pence, les jeunes femmes qui vendent les programmes, a donné des entretiens avant et après, et il a promptement publié la pièce, en plaidant coupable de l'accusation de *litt'raire*... ce qui est la grande attitude qu'il prend et le sujet de la discussion. »

Bight avait suivi avec étonnement. « De quelle discussion ?

— Eh bien, celle qu'il voudrait voir se dérouler. Il n'y en a eu aucune, bien entendu, mais il en veut, ça lui manque terriblement. Les gens n'en ont pas fait l'effort... quoi qu'ils fassent par ailleurs, même s'il ne me semble pas, à moi, qu'ils fassent quoi que ce soit. Son état d'esprit exige une amorce pour débuter, et on doit la lui fournir d'une façon ou d'une autre. Il faut qu'on fasse du bruit, comprenez-vous ? Il faut qu'il soit mis en évidence, et afin de rester en évidence il doit se trouver des ennemis. Nous ne pouvons rien faire sans hostilité envers son *thiatre*, justement parce qu'il est *litt'raire* ; mais c'est une tâche ardue que de la susciter. Nous nous y sommes essayés durant des soirées entières, mais ça ne nous a servi à rien de nous acharner. L'attention publique semble avoir horreur de toute cette affaire comme la nature a horreur du vide. Nous n'avons rien à quoi nous accrocher ; sinon, nous pourrions aller loin. Voilà où nous en sommes.

— Je vois, commenta Bight. Vous n'êtes nulle part.

— Non, ce n'est même pas ça ; car nous en sommes exactement là où *Corisanda*, sur scène et dans le placard, nous a coincés. Et là nous ne pouvons pas bouger... rien ne semble se produire, rien ne semble arriver ni être susceptible d'être provoqué. Nous attendons.

— Oh, s'il attend avec *vous* ! railla amicalement Bight.

— Alors il risque d'attendre toujours ?

— Non, mais avec résignation. Vous lui ferez oublier ses déceptions.

— Ah, ce n'est pas mon genre, et je ne pourrais le faire qu'en lui permettant de réaliser ses conceptions. Et je reconnais maintenant que ça, c'est impossible. Il y a différents cas, voyez-vous, de catégories entièrement différentes, et le sien est le contraire de celui de Beadel-Muffet. »

Howard Bight poussa un grognement. « Pourquoi en est-ce le contraire, si vous le plaignez de la même manière ? Il sera perdu, ajouta-t-il, si vous ne le sauvez pas, lui aussi. »

Mais elle secoua la tête. Elle avait son idée. « Non. Mais, à sa façon, son cas est presque aussi terrible. Savez-vous ce qu'il a fait ? demanda-t-elle.

— Eh bien, il me semble que la difficulté est qu'il n'a pas vraiment fait quelque chose. Il devrait frapper une fois de plus... fort, et au même endroit. Il devrait produire une autre pièce *litt'raire*.

— Pourquoi donc ? On ne peut pas être davantage que mis en évidence, et il *est* en évidence. On ne peut pas faire davantage que s'abonner, dans son évidence, à trente-sept agences de “ coupures de presse ” en Angleterre et en Amérique, et, l'ayant fait, on ne peut pas faire davantage que rester chez soi à l'affût du coup de sonnette du facteur, en attendant les résultats. *Ici* intervient la tragédie... il n'y a aucun résultat. Le facteur de Mortimer Marshal ne sonne pas ; les agences de coupures de presse ne trouvent rien à couper. Avec trente-sept agences, dans tout le monde anglophone, écumant en vain pour lui des millions de journaux, et avec un gros morceau de ses revenus personnels ne cessant d'y être consacré, l'" ironie " est trop cruelle, et la façon dont il vous regarde, comme si vous en étiez à un certain degré responsable, fait grimacer. Naturellement, il attendait beaucoup des Américains, mais ce sont eux qui lui ont fait le plus défaut. Ils gardent un silence de tombe, qui semble s'accroître, si le silence d'une tombe peut s'accroître. Il n'admettra jamais que ces trente-sept agences cherchent assez loin et assez longtemps, et il leur écrit, j'imagine, des lettres furieuses, en leur demandant pourquoi diable il les paie, selon elles. Mais que peuvent-elles bien faire, les malheureuses ?

— Faire ? Elles peuvent publier ses lettres furieuses. Ça rompra du moins le silence, et il préférera ça à rien du tout. »

Notre jeune femme parut être frappée par cette réplique. « Ma parole, je crois en effet qu'il préférerait ça. » Puis elle y réfléchit mieux. « Mais elles reculeront, car elles garantissent, vous savez, qu'elles peuvent trouver quelque chose pour n'importe qui. Elles prétendent que c'est leur force... qu'il y en a assez pour tout le monde. Elles ne voudront pas admettre qu'elles ont échoué.

— Oh, eh bien, dit le jeune homme, s'il ne peut pas réussir à briser les vitres quelque part... !

— C'est ce qu'il pense que je réussirai à faire. Et c'est ce que je pensais pouvoir faire, ajouta Maud, sinon je ne l'aurais pas approché. Je l'ai approché à tout hasard, mais je ne sers à rien. Je suis d'une influence fatale. Je suis un matériau non conducteur. »

Elle déclara cela avec une sincérité si manifeste que l'attention de son ami en fut aiguisée. « Je vois ! murmura-t-il discrètement. Avez-vous un chagrin secret ?

— Bien sûr, j'ai un chagrin secret. » Et elle regarda dans le vague, raide et un peu sombre, dans le désir de ne pas être sondée trop librement, tandis que le rideau se levait enfin sur la scène illuminée.

III

Elle fut par la suite davantage ouverte à la question, diverses autres choses, pas entièrement étrangères, s'étant entre-temps produites. Une de ces choses avait été que son ami était resté avec elle jusqu'à la fin de la représentation, et qu'alors elle n'avait pas pu, dans le foyer, au moment où ils s'en allaient, ne pas le présenter à Mortimer Marshal. Ce monsieur l'avait visiblement attendue dans un coin et avait aussi visiblement deviné que son compagnon était des Journaux – qu'il était journalistique de la tête aux pieds ; ce qui avait sans doute quelque chose à voir avec le fait qu'il leur eût aimablement proposé de venir prendre un thé quelque part avec lui. Ils n'y avaient pas vu d'objection – ce serait une aventure comme une autre, dans leur ligne ; et il les avait donc transportés, dans un fiacre, jusqu'à un petit club raffiné dans une région qui était à la frange de Piccadilly, où même leur présence ne venait guère démentir l'idée d'endroit trié sur le volet. Cette occasion, ils le sentirent peu à peu, était essentiellement un tribut envers leurs liens professionnels, à en juger par la nervosité de leur hôte, ses rougissements et ses frémissements, ses halètements et ses ardeurs. Maud Blandy estimait désormais vain de le défaire de son illusion selon laquelle *elle*, mal nourrie et mal publiée, et qui, dans ces moments de soudoiement, avait plus que jamais conscience de sa qualité non conductrice, était journalistique à n'importe quelle fin – illusion qui excédait, d'après elle, toute autre forme de pathétique.

Le salon de thé était esthétiquement décoré de vert pâle, le liquide dans les tasses délicates était d'un ambre puissant ; les tartines beurrées étaient minces et dorées, et devant les muffins elle s'aperçut qu'elle avait une faim barbare. Il y avait des dames et des messieurs à d'autres tables – des dames avec de longs boas plumeux et des chapeaux qui n'étaient pas du genre canotier, et des messieurs dont les cols droits montaient deux fois plus haut que celui de Howard Bight et dont les cheveux avaient une raie bien plus nette sur le côté. Les conversations étaient très lentes, avec des silences si peu gênés qu'ils auraient pu paraître empressés, et l'atmosphère, une atmosphère de privilège et d'intimité aux yeux de notre jeune femme, semblait chargée de choses subtiles tenues pour évidentes. S'il n'y avait pas eu la compagnie de Bight, elle aurait pu être effrayée, tellement elle avait le sentiment de profiter de ce à quoi elle n'avait pas droit. Cette remarque de Bight sur les fenêtres à briser la hantait ; elle s'était demandé, encore installée au parterre, s'il n'y avait pas quelque surface transparente à portée de son coude. Elle avait dû reconnaître que son coude, malgré son type physique, manquait de sens pratique, et c'était justement pourquoi elle s'effrayait maintenant des termes dans lesquels, croyait-elle, on réclamait ses services. En l'occurrence, elle les distinguait dans le regard vide mais insistant de Mortimer Marshal, qui semblait ne cesser de dire : « Vous savez ce que je pense quand je suis trop raffiné... comme tout ce qui nous entoure, n'est-ce pas ?... pour l'exprimer clairement. Vous savez qu'il devrait y avoir quelque chose sur moi quelque part, et que, vraiment, avec les possibilités, les facilités, dont vous jouissez, ce ne serait pas trop vous écarter de votre voie que de... eh bien, de récompenser cette petite attention. »

Le fait que chaque jour, sans doute, exactement avec le même frisson anxieux et la même délicatesse superlative, il prêtait de petites attentions avec un œil sur les petites récompenses, ce fait en lui-même ne la mettait guère à l'aise, convaincue qu'elle était qu'elle seule avait moins de chance que lui. Il soudoyait les jeunes gens futés partout où il pouvait en trouver, mais ces mêmes jeunes gens futés, pris dans leur généralité, lui mangeaient dans la main et puis l'oubliaient. Elle ne l'oubliait pas ; elle le plaignait trop, elle se plaignait elle-même, et elle découvrait qu'elle plaignait de plus en plus tout le monde ; seulement, elle ne savait pas comment lui dire qu'elle ne pouvait rien faire pour lui, en somme. D'abord, elle n'aurait pas dû venir, et elle ne serait pas venue s'il n'y avait pas eu son compagnon. Son compagnon était de plus en plus sardonique – ce qui était de plus en plus la façon dont elle le voyait, au mieux ; il avait accepté sans vergogne, puisque, au fond – elle savait ça, elle sentait ça, assise à côté de lui –, il n'était venu que pour tromper et mystifier. *Lui* était, si elle ne l'était pas, des Journaux et dans les Journaux, et leur hôte perplexe le savait sans qu'elle eût besoin d'aborder le sujet ou que les lèvres du jeune homme dussent y faire la moindre allusion vulgaire. Rien ne fut précisé, tout rapport fut évité ; ils parlèrent de clubs, de muffins, de représentations en matinée, de l'effet de l'âme finnoise sur l'appétit, comme s'ils s'étaient rencontrés dans le monde. Rien n'aurait su être moins mondain – du moins le supposait-elle innocemment – que le véritable esprit de leur rencontre ; pourtant, Bight ne faisait rien de ce qu'il aurait pu faire pour tenir l'affaire dans d'étroites limites. Quand leur ami fixait sur eux des yeux vides, en attente, il lui rendait simplement un regard aussi fixe, aussi vide, qu'on aurait pu dire menaçant ; bref, assez impénétrable, mais assez méchant. Il ne souriait nullement – ne fût-ce que pour approuver ; il se pouvait qu'il s'en abstînt afin de rendre solennelles ses promesses ;

donc, quand leur ami tentait de sourire, elle évitait ses yeux – elle trouvait la situation trop affreuse –, et elle regardait, découragée, les « tonalités » de l'endroit, les chapeaux des dames, les teintes des tapis, le style Chippendale, çà et là, des chaises et des tables, des clients, même, et des serveuses. Elle s'était dit tôt : « Je l'ai traité, le pauvre homme, à domicile, et il est évident maintenant que je devrais le traiter à son club. » Mais elle sentit cette inspiration se cogner contre ses capacités comme un insecte prisonnier contre une vitre. Elle ne pouvait décemment pas le traiter à son club sans lui en demander la permission ; alors il se rendrait compte de la faiblesse de son influence, faiblesse car elle était certaine de se heurter à des refus. Il valait mieux qu'elle lui avouât, désespérément, ce qu'elle pensait de lui, plutôt que de devoir constater de nouveau qu'elle n'était nulle part, qu'elle n'était rien. Son seul réconfort était de voir que, depuis une demi-heure – la situation en était devenue supportable –, il semblait complètement hypnotisé par son autre invité ; de sorte que lorsqu'ils prirent congé, il eut la bonté de la remercier de ce qu'elle avait fait pour lui cette fois-ci. Un des indices de son engouement était qu'il avait manifestement considéré Bight comme une masse d'intelligence serviable, peut-être parce que cette cruelle créature, n'ayant presque pas émis un son, n'avait fait que le fixer d'une manière qui aurait pu passer pour de la fascination et de la déférence. Il aurait aussi bien pu passer pour un idiot aux yeux du pauvre monsieur. Mais le pauvre monsieur voyait un « coup de pouce » possible dans chaque buisson ; et seule une impertinence aurait pu le convaincre que Maud ne lui avait pas amené, en connaissance de cause, un maître de l'art dont il avait besoin. Maintenant plus que jamais, comme il serait à l'affût du coup de sonnette du facteur !

L'actif Bight étant aussitôt appelé par des affaires à régler avant que Fleet Street se remît fougueusement au travail, les deux jeunes gens, une fois dehors, durent se séparer sur-le-champ, et ce ne fut que le lendemain, un dimanche, qu'ils purent de nouveau goûter à cet échange d'impressions qui formait pour chacun la principale saveur, légèrement âcre, de leur conscience ordinaire. L'air était plein de la splendide et lointaine indifférence du printemps, dont on sentait le souffle bien avant d'en distinguer le visage, et c'était comme dans le désir d'aller à sa rencontre qu'ils étaient partis côte à côte à bicyclette vers le parc de Richmond. Ils consacraient le dimanche, quand c'était possible, aux Faubourgs en tant qu'ils étaient distincts des Journaux – quand c'était possible voulant largement dire lorsque Maud pouvait disposer de l'engin familial quelque peu fatigué. De nombreuses sœurs l'utilisaient, et sous leurs efforts empourprés on pouvait le voir filer en diverses directions.

À Richmond, notre jeune couple parut prendre du repos – trouver un coin tranquille pour s'installer, machines appuyées contre un grand arbre et dos associés soutenus par un autre. Mais l'agitation, plus pénétrante que la plus pénétrante des canicules, restait suspendue dans l'air pour eux ; elle fut accentuée, assez brusquement, par un vif éclat de Maud. C'était fort bien, déclara-t-elle, de la part de son ami, de se montrer malin aux dépens de l'« avidité » générale ; il voyait cela à la lueur de la drôle de chance qu'il avait, mais il se trouvait que ce qu'elle voyait, elle, n'était rien d'autre que l'art général de vous laisser mourir de faim dans votre trou. Au bout de cinq minutes, son compagnon avait pâli devant l'étendue de cette confession. C'était une confession pour la raison, d'abord, qu'elle la faisait au prix d'un visible effort jusqu'alors efficacement interdit par son orgueil, et, ensuite, qu'elle paraissait ainsi avoir excessivement vécu de vantardise. Elle n'aurait guère su dire de quoi elle avait vraiment vécu depuis un bon bout de temps, et elle ne se livrait pas à son ami afin de se plaindre de ses privations ou de ses déceptions. Elle le faisait pour lui montrer qu'elle ne pouvait pas le suivre quand il courait ainsi dans tous les sens. En tout cas, il y avait, apparemment, deux catégories entièrement différentes de gens. Si tout le monde mordait à l'hameçon qu'il tendait, à celui qu'elle tendait, elle, ne mordait jamais aucune créature ; et c'était la triste vérité de sa situation, qui prouvait pour le moins qu'il y avait deux sortes de chances complètement distinctes. Elles racontaient deux histoires opposées de la vanité humaine ; deux histoires qui ne pouvaient pas être conciliées. Et la pauvre fille résuma cela en un simple fait. « Il y a une seule personne à qui j'aie écrit et qui ait seulement accusé réception de ma lettre. »

Il s'étonna, péniblement affecté – il se sentait accablé ; il s'empara de cette remarque comme du point d'appui le plus proche. « Une seule personne... ?

— L'homme malavisé avec qui nous avons pris le thé. Lui seul... a *mordu.*

— Eh bien, alors, vous voyez qu'ils *sont* malavisés quand ils mordent. Ce sont des ânes.

— Ce que je vois, c'est que je n'attire pas les bons ânes et que donc je n'ai pas votre férocité ; c'est-à-dire que ma férocité, si jamais j'en ai, repose sur autre chose. Vous direz que je ne m'adresse pas aux bonnes personnes ; mais Dieu sait si je ne vise pas trop haut... témoin Mortimer Marshal. Je l'ai sélectionné, après des prières et des jeûnes, comme le plus concevable des concevables... comme un personnage nullement exceptionnel, et pourtant comme quelqu'un qui n'est pas rien du tout ; et, par un hasard extraordinaire, je n'ai pas eu tort. Puis j'en ai choisi d'autres qui me semblaient tout autant convenir, j'ai prié et j'ai jeûné, et je n'ai obtenu aucun écho. Mais aussi j'épuise ma férocité, poursuivit-elle avec raideur, bien qu'à l'origine elle fût grande, en sentant que les gens n'ont pas le droit de ne pas m'obliger quand mon pain quotidien en dépend. C'est de leur devoir... et c'est la raison de leur mise en évidence... d'accorder des entretiens, afin de me permettre de vivre ; et je fais chaque jour pour eux autant que ce qu'ils devraient faire pour moi. »

Bight l'écoutait, mais d'abord ne répondit rien. « Le leur avez-vous dit ? fit-il enfin. Leur avez-vous dit que vous n'aviez rien d'autre que ça, veux-je dire ?

— Pas vulgairement... je le sais bien. Il y a diverses façons de dire que c'est " important " ; et j'y fais suffisamment allusion pour constater que l'importance ne les émeut pas plus que le reste. Ce n'est pas important pour *eux*. Et moi, à leur place, continua Maud, je n'aurais pas davantage répondu ; j'aurais tout envoyé au diable. La conclusion de tout ça, c'est qu'il y a deux catégories distinctes, et que mon lot, depuis ma naissance, est d'être snobée. Les personnes comme moi sont nées pour ne connaître les autres que par instinct. Mais ça me rend plus tolérante.

— Plus tolérante envers quoi ? demanda son ami.

— Eh bien, envers ce dont vous m'avez parlé. Envers ce contre quoi vous vous insurgez.

— Merci pour *moi* ! s'écria Bight en riant.

— Pourquoi donc ? Est-ce que vous n'en vivez pas ?

— Pas aussi luxueusement... vous le voyez bien... que semble l'impliquer la distinction que vous faites. Ce n'est pas un luxe que d'être les neuf dixièmes du temps écœuré par tout. De plus, les gens pour moi se valent tous ; il y en a trop du même genre... il y en a tellement que je ne vois vraiment pas comment il peut en rester pour *votre* catégorie supérieure. C'est *par hasard*, poursuivit-il, que moi aussi je me suis heurté à des refus... même si parfois, je l'avoue, je les ai trouvés extrêmement drôles. En outre, je vais me sortir de tout ça, acheva le jeune homme. Dieu sait si j'en ai envie. Le conseil que je vous donne, ajouta-t-il dans le même souffle, c'est de vous accrocher. Un de perdu... ! »

Elle attendit un moment. « Vous êtes écœuré de tout et vous voulez en sortir. En d'autres termes, tout ça ne vaut rien pour vous, mais c'est assez bon pour moi. Pourquoi devrais-je m'accrocher alors que vous décrochez ?

— Parce que ce que vous recherchez va arriver... ça ne peut pas ne pas arriver. Alors, au moment voulu, vous aussi vous décrocherez. Mais vous aurez eu, comme moi, ce que vous voulez, et tous les avantages.

— Mais, vraiment, quels peuvent bien être les avantages, demanda-t-elle, de ce qui ne suscite, selon vous, que du dégoût ?

— Eh bien, il y en a deux. D'abord le pain quotidien, ensuite l'amusement. Je le répète... accrochez-vous !

— Quel peut bien être l'amusement d'apprendre à mépriser les gens ? demanda-t-elle encore.

— Vous le verrez quand ça arrivera. Ça vous tombera dessus, ça vous changera d'un jour à l'autre. Accrochez-vous, accrochez-vous ! »

Il manifestait une confiance tellement tangible qu'elle aurait pu la soupeser un instant. « Si vous décrochez, que ferez-vous ?

— Eh bien, un travail imaginatif. Cette besogne

m'a du moins fait *entrevoir*. Elle m'a donné de charmants tuyaux. »

Elle se tut une fois de plus. « Elle m'a donné à moi aussi... mon expérience m'a donné... un charmant tuyau.

— Et lequel ?

— Je vous l'ai déjà dit... le tuyau de la pitié. Je suis plus que tout navrée pour eux tous... à les voir béer et haleter comme des poissons hors de l'eau. »

Il prit un air songeur. « Mais je croyais que vous n'en aviez justement pas l'expérience.

— Oh, alors, répliqua-t-elle avec impatience, c'est que mon expérience vient de vous, veux-je dire. C'est seulement un tuyau d'une autre sorte. Je veux les sauver.

— Eh bien, rétorqua le jeune homme comme si cette idée avait eu un sens pour lui, les sauver peut en effet servir d'activité. La question est : pourrez-vous être payée pour ça ?

— Beadel-Muffet me paierait pour ça, répondit Maud avec vivacité.

— Ah, mais c'est justement ce que moi j'espère, fit son compagnon en riant, qu'il me paie, dans quelques jours, directement ou indirectement.

— Est-ce que vous vous ferez payer seulement pour l'enfoncer davantage ? C'est ce que vous ferez, vous le savez parfaitement. Vous ne le sauverez pas ; vous le perdrez.

— Et vous alors, que ferez-vous pour votre argent ? » demanda Bight.

La jeune fille dut réfléchir. « Je demanderai à le voir... il faudra bien d'abord que j'attrape mon lièvre, je le reconnais... et puis je me mettrai au travail. Ce devra être quelque chose d'audacieux, un vrai coup de maître, pour le faire sortir de son pétrin... le pétrin, veux-je dire, de son besoin suppliant d'être oublié. Je ferai valoir que c'est un vrai service que je rends. Puis j'enverrai mon article, et la suite viendra d'elle-même. Je ne dis pas que *vous* pourriez opérer de cette façon... vous auriez un autre effet. Mais moi je peux être sûre que la chose, venant de moi, ne sera même pas parcourue, qu'elle sera directement jetée au panier. C'est ainsi que j'aurai réglé l'affaire, que j'aurai rompu le maléfice, rien qu'en m'en mêlant. C'est ma seule capacité... je mets fin aux choses rien qu'en les touchant. Il n'y aura plus jamais un seul mot sur lui. »

Son ami, les jambes étendues et les mains croisées
5derrière la tête, avait écouté avec indulgence. « Alors n'aurait-il pas mieux valu que je m'arrange pour vous faire rencontrer Beadel-Muffet ?

— Oh non, pas après que vous l'avez mis dans le pétrin !

— Vous préférez le rencontrer seule ?

— Ce sera le seul moyen... pour lui être d'une quelconque utilité. Vous devriez en fait lui envoyer un télégramme pour lui demander de ne pas ouvrir la bouche avant de m'avoir vue.

— Eh bien, je le ferai, finit par répondre Bight.

Mais, vous savez, nous allons perdre un très beau spectacle... le spectacle de sa lutte entièrement vaine contre son sort. » Il se tourna un peu pour s'appuyer sur son coude, et, tout jeune cycliste des faubourgs qu'il était, il aurait pu être, étendu sous son arbre, un Jacques mélancolique contemplant une clairière, de même que Maud, avec son canotier, son nouveau chemisier de coton – mis par souci d'élégance –, et sa silhouette anguleuse aux longues jambes, aurait pu amplement évoquer la virile Rosalinde. Il leva vers elle un visage interrogateur.

« Me demandez-vous vraiment de sacrifier l'affaire ?

— Plutôt que de le sacrifier, *lui* ? Bien sûr, je vous le demande ! »

Il n'ajouta rien durant un moment ; appuyé sur son coude, il ne fit que perdre son regard dans le parc. Puis il se tourna vers elle.

« Est-ce que vous voudriez de moi ? demanda-t-il soudain.

— Vouloir de vous... ?

— Voudriez-vous être ma gentille épouse ? Pour le meilleur et pour le pire. Ma parole, je n'avais pas compris que vous étiez aussi déprimée ! expliqua-t-il avec une évidente sincérité.

— Oh, ce n'est pas si déprimant que ça ! déclara Maud Blandy.

— Pas au point de vous pousser à vous acoquiner avec moi ?

— Ce n'est pas aussi déprimant que de vous avoir

laissé entendre que j'étais déprimée... alors que je n'en avais pas l'intention. »

Il s'adossa de nouveau à l'arbre, la tête baissée, et il détendit ses membres. « Vous êtes trop fière... voilà l'ennui avec vous. Et moi je suis trop stupide.

— Non, vous ne l'êtes pas, répliqua-t-elle gravement. Vous n'êtes pas stupide.

— Seulement cruel, rusé, traître, insensible, vil ? » Il fit traîner ces mots, d'une voix douce, comme s'ils avaient une belle sonorité.

« Et moi non plus je ne suis pas stupide, reprit Maud Blandy. Nous sommes seulement... eh bien, de pauvres créatures qui *savent*.

— Bien entendu, nous savons. Alors pourquoi voulez-vous que nous nous saoulions de bêtises ? que nous continuions comme si nous ne savions pas ? »

Elle garda un instant le silence ; puis elle répondit : « C'est bon aussi d'être connu.

— Mais bien entendu. Il y a toutes sortes de choses au monde, et certaines sont bien meilleures que d'autres. C'est justement pourquoi, ajouta le jeune homme, je vous ai posé la question.

— Oh non, ce n'est pas pour ça. Vous me l'avez posée parce que vous croyez que je pense ne rien valoir du tout.

— Comment ça, alors que je ne cesse de vous assurer que vous n'avez qu'à attendre ? Comment ça, alors que je ne cesse de vous assurer que si vous attendez, tout vous arrivera d'un seul coup ? Mais mettons que je suis navré pour vous, poursuivit Bight avec lucidité. En quoi cela peut-il prouver que mes motifs sont vils ou que je vous fais du tort ? »

La jeune fille repoussa cette question d'un geste de la main, mais elle en tenta bientôt une autre. « Votre idée est-elle que nous aurons à vivre de tous ceux... ?

— De tous ceux que nous attraperons ? Oui, mon vieux, avant de pouvoir trouver mieux.

— Ma conviction, répliqua-t-elle vivement, est que si je vous épousais, je causerais votre ruine. Je gâcherais le travail. Tout s'effondrerait pour vous ; et, comme je ne peux rien faire moi-même, où en serions-nous ?

— Eh bien, fit Bight, nous ne pourrions pas être tout à fait aussi haut dans l'échelle du morbide.

— C'est vous qui êtes morbide, répondit-elle. À votre façon... comme tout le monde, en l'occurrence, un peu partout... vous n'avez que le " sport " en tête.

— Ma foi, rétorqua-t-il, qu'est-ce que le sport, sinon la réussite ? Qu'est-ce que la réussite, sinon du sport ?

— Gardez ça pour vous. Si c'est vrai, dit-elle, je suis heureuse d'être une ratée. »

Sur ce, ils se turent durant un long moment, et ce silence fut finalement rompu par une question du jeune homme. « Mais, à propos de Mortimer Marshal... comment vous proposez-vous de le sauver, *lui* ? »

C'était un changement de sujet qui, par sa brusquerie, aurait pu paraître destiné à dissiper toute impression laissée par sa proposition de mariage. Cette proposition, cependant, avait été faite sur un ton trop familier pour laisser des traces persistantes, et en même temps sur un ton trop peu vulgaire pour être négligée. Elle n'avait pas été faite dans les formes, mais peut-être la douceur de l'air permettait-elle d'en conserver la plus fine saveur. Cet effet, de plus, fut sensible dans ce que la jeune fille trouva à répondre. « Voyez-vous, je pense qu'il ne s'est pas montré un si mauvais ami. Il y aurait quelque chose à faire avec son appétit, veux-je dire. Il ne me déteste pas vraiment.

— Ah, ma chère, s'écria son ami, pour l'amour du ciel, ne vous abaissez pas ! »

Mais elle persista. « Il s'accroche à moi. Vous l'avez vu. C'est affreux, cette façon dont il est capable de se mettre en avant. »

Bight ne réagit pas, puis parla comme sous le coup d'une réminiscence du club Chippendale. « Oui, il se mettait en avant autant qu'il pouvait. Mais si vous ne venez pas à la rescousse... ?

— Vous vous demandez alors pourquoi il insiste ? Oh, parce que, tout de même, je représente encore, potentiellement, les Journaux. J'en suis en tout cas l'élément le plus proche qu'il ait connu. Et puis je suis autre chose, également.

— Je vois.

— Je suis terriblement séduisante ! » Sur ce, elle se

leva, secoua sa jupe, regarda sa bicyclette au repos, regarda les lointains qu'ils auraient peut-être encore à parcourir. Son compagnon l'observa, puis se leva lui aussi, tandis qu'elle l'attendait, avec sa silhouette un peu sèche et pourtant pas entièrement froide qui était comme une illustration de sa dernière remarque. Il resta immobile à la contempler, et elle parut commenter cette remarque. « Vous savez, je le plains vraiment. »

Il y avait là une finesse presque féminine, et ils continuèrent de se fixer dans les yeux. « Oh, vous y parviendrez ! » Et le jeune homme se dirigea vers sa machine.

IV

Ce ne fut que cinq jours plus tard qu'ils se retrouvèrent, et durant ces jours-là plusieurs choses s'étaient produites. Maud Blandy le ressentit pour sa part de façon aïguë, et avec une grande joie ; car à défaut d'aboutir à rien de plus intime pour elle, ce dimanche d'amertume passé en compagnie d'Howard Bight avait, tout d'un coup, marqué le début d'un retour de vague de sa propre chance. Ce retour ne consistait nullement dans le fait que le jeune homme lui eût parlé de mariage – car, jusqu'à l'heure de leur séparation, elle ne lui avait même pas donné de réponse directe : elle datait plutôt son sentiment de changement de l'élan de pensées heureuses qui lui étaient venues pendant qu'elle rentrait à bicyclette à Kilburnia dans l'obscurité. Toute fatiguée qu'elle était, cet élan l'avait fait augmenter de vitesse durant quelques minutes, et ç'avait été pour elle la cause d'autres entreprises dès le lendemain matin. Le pas actif qui était l'essence de ces entreprises avait été presque adopté avant qu'elle n'allât se coucher ; en réalité, elle l'avait adopté en écrivant sur-le-champ une lettre méditée. Elle s'y était mise à la lueur vacillante de la chandelle qui l'attendait sur la table de la salle à manger et dans l'odeur rance d'une nourriture familiale qui avait disparu – résidu tellement susceptible d'être éventé qu'elle ne jeta même pas un coup d'œil dans le buffet ; après quoi, elle avait failli faire un saut, comme elle eût dit, jusqu'à cette boîte aux lettres d'en face dont la gueule vorace, ouverte dans la ténébreuse nuit londonienne, avait englouti tant de ses petites démarches infructueuses. Mais elle s'était ravisée et avait attendu jusqu'au matin pour être sûre que son envie n'était pas passée ; cependant, elle avait posté son message, avec une impétuosité confiante, dès qu'elle s'était levée. Ensuite, elle avait eu à faire, ou plutôt elle avait cherché quelque chose à faire, dans les repaires qu'elle s'était appliquée à juger professionnels ; mais ni le lundi, ni les jours suivants, elle n'y avait rencontré l'ami au sujet duquel il aurait fallu de bien plus grands changements que ceux qu'elle pouvait pour le moment affronter pour la pousser à le considérer, avec une assurance ou une pudeur convenables, comme un amoureux. Quoi qu'il en fût, elle avait toutefois trouvé qu'il était possible de se sentir seule sur le Strand. Cela montrait, après tout, à quel point ils avaient dû être proches – ce qui était peut-être une raison pour commencer à penser aux choses dans une lumière nouvelle et plus régulière. Mais cela montrait aussi, et sans doute encore plus nettement, que son compagnon s'était probablement engagé dans quelque chose d'épouvantable ; cela la fit réfléchir, en retenant son souffle, à Beadel-Muffet, la rendit certaine que le tourbillon d'absence de Bight s'expliquait en partie par les affaires du monsieur.

Constamment consciente d'avoir les poches vides, elle avait pourtant toujours sur elle un penny, ou du moins un demi-penny, pour acheter un journal, et ceux qu'elle parcourait maintenant, elle s'en rendit vite compte, étaient rédigés comme d'habitude. Sir A.B.C. Beadel-Muffet K.C.B., M.P. était revenu lundi d'Undertone, où Lord et Lady Wispers avaient, le vendredi précédent, reçu une société très choisie ; Sir A.B.C. Beadel-Muffet K.C.B., M.P. devait assister mardi à la réunion hebdomadaire de la Société des amis du repos ; Sir A.B.C. Beadel-Muffet K.C.B., M.P. avait aimablement consenti à présider mercredi, à la Maison du Samaritain, l'ouverture de la vente des ouvrages des incurables du Middlesex. Ces annonces familières, toutefois, loin d'apaiser sa curiosité, la mirent dans un grand état d'énervement ; elle y lut des significations mystiques qu'elle n'y avait jamais distinguées auparavant. Sa liberté d'esprit dans cette direction était certes en même temps limitée, car son propre horizon s'était, dès le lundi soir, hérissé de possibilités nouvelles, et le mardi même – eh bien, qu'était devenu le mardi même, avec son éruption interne, qu'était donc devenu le mardi même, sinon le plus beau jour de sa vie ? Une telle description de ce jour-là se serait surtout appliquée à la matinée, si elle ne s'était pas rendue, sous l'influence, justement, de l'émoi de la matinée, à la gare de Charing Cross en fin de journée. Là, au kiosque à journaux, elle les acheta tous, tous les torchons en vente ; et là, en en dépliant un au hasard, dans la foule et sous les lampes, elle sentit sur le moment sa conscience s'enrichir d'une façon vraiment impressionnante. « Aperçus Personnels – Numéro Quatre-Vingt-Treize : Quelques Mots avec le Nouveau Dramaturge » n'avait besoin ni de la signature finale « H.B. » ni d'un texte émaillé, presque à l'exclusion de tout autre chose, d'une multitude de « Mortimer Marshal » en lettres aussi grosses que celles d'une affiche, pour qu'elle comprît comment le jeune homme avait employé son temps. Et pourtant, dès qu'elle comprit cela, elle se rendit compte qu'il l'avait employé avec une économie qui la fit à la fois s'étonner et grimacer ; l'« aperçu » célébré n'étant rien d'autre que leur thé avec ce naïf personnage le samedi précédent, et les maigres incidents, les pâles impressions, de cette occasion meublant tout le tableau.

Bight n'avait sollicité aucun autre entretien ; il n'avait pas été stupide à ce point – car elle s'apercut assez vite, avec toute son intelligence, que cet article montrait justement tout ce que son ami aurait été en la circonstance, et qu'un nouveau contact aurait causé sa perte d'inspiration. Ce qu'il avait accompli – elle le sentait avec une émotion qui empourprait son visage – était de la quintessence de journalisme ; une colonne concoctée à partir de rien, une omelette, pour ainsi dire, faite sans même casser les deux ou trois œufs qui auraient pu paraître le prix nécessaire à sa confection. Le seul œuf cassé était de révéler l'endroit où se trouvait le monsieur à cinq heures de l'après-midi, et ce léger et délicat brisement de coquille était le bruit qui pouvait le plus lui plaire au monde. Quel curieux plat, étant donné que le journaliste ne savait rien de son sujet, et pourtant comme il servait son dessein, du fait même que c'était un plat curieux ! Elle aurait pu s'émerveiller davantage de tels desseins, si elle en avait eu le loisir, mais elle était tout occupée à se demander comment son ami, sans matière, sans pensée, sans prétexte, sans faits, et en même temps sans véritables inventions, avait réussi à se faire entendre comme s'il avait battu du tambour juché sur une estrade. Et il n'avait pas été trop personnel, il n'avait rien écrit qui pût la gêner, *elle*, il n'avait commis aucune indiscrétion, il n'avait compromis personne, il avait lancé en l'air le club Chippendale avec une telle habileté qu'il l'avait fait retomber, comme une plume volante, à des kilomètres de son emplacement. Les trente-sept agences devaient être déjà en train de poster à leur abonné trente-sept coupures, et leur abonné, de son côté, posterait à son convive plusieurs fois trente-sept mercis, content enfin d'en avoir eu pour son argent. Mais tout cela ne disait pas à Maud pourquoi son ami avait pris cette peine – si peine il y avait ; pourquoi, en tout cas, il en avait pris le temps, alors qu'il paraissait en avoir si peu à sa disposition. En fait, elle saurait bientôt les réponses, mais, en attendant, elle se sentait dans une perplexité formée de plus d'éléments qu'elle n'en avait jamais goûté. Et sa perplexité se prolongea, bien qu'elle fût presque autant assaillie d'autres questions qui n'en faisaient pas partie. La semaine s'était presque achevée lorsqu'elle reçut une carte postale énigmatique ; cette carte postale était signée du même H.B. que le fameux « aperçu », qui avait déjà eu une suite étonnante ; elle fixait un rendez-vous, à l'heure du thé, dans un endroit familier à Maud, avec le simple ajout de ce mot significatif : « Bouffonnerie ! »

Quand arriva le moment qu'il avait indiqué, elle l'attendit à leur petite table, récurée comme le pont d'un paquebot, nez à nez avec un pot à moutarde et la liste des prix, dans la conscience d'avoir peut-être à lui dire autant qu'elle avait à entendre de lui. En fait, il apparut d'abord que ce pourrait bien être le cas, car les questions qui surgirent entre eux quand il eut pris place furent très largement celles qu'elle posa avec insistance. « Qu'a-t-il fait, que lui a-t-il pris, et que deviendra-t-il ? » – cette demande, faite à voix basse et profonde, avait accueilli le jeune homme dès qu'il s'était assis, sans toutefois provoquer la moindre réponse. Elle sentit aussitôt qu'elle devait se satisfaire de cette attitude silencieuse, ou que, si elle ne s'en satisfaisait pas d'abord, il l'y obligerait vite par la façon merveilleusement directe dont il la regardait, la plus directe qu'elle eût jamais obtenue de lui. Il la regardait avec une intensité qui semblait dire : « Dites donc, faites attention ! », et c'était déjà vraiment évoquer le sujet, d'une manière assez inquiétante. Ce n'était manifestement pas de la plaisanterie, ce sujet, et son ami avait nettement pris de l'âge, et perdu du poids, en s'en occupant. Elle eut même le sentiment, en plus du reste, que c'était l'aspect qu'elle aurait voulu lui voir si leur union prenait la tournure dont ils n'avaient pas encore discuté ; revenant vers elle fatigué par le poids des choses, désirant enfiler ses pantoufles et boire du thé, tout cela bien à sa place, préparé par elle, et magnifiquement susceptible de la récompenser le moment venu. Il était excité, sans l'avouer, et il lui fallut encore plus de désaveu quand elle eut abattu ses cartes – ce qu'elle fit, en vérité, en lui demandant à la première occasion : « Qu'avez-vous fait pour *lui*, ce pauvre Mortimer Marshal ? Non qu'il ne soit pas au septième ciel... !

— Il est au septième ciel ! coupa vivement Bight. Il ne veut pas ma peau !

— Auriez-vous fait en sorte qu'il veuille votre peau ? répliqua-t-elle. C'est splendide, cette façon dont vous l'avez traité... simplement à partir de cette rencontre.

— Cette rencontre ? fit Howard Bight. Mais cette rencontre était immense ! Elle contenait des volumes, des bibliothèques, des abîmes ! »

Il déclara cela d'une façon qui la prit quelque peu de court. « Oh, vous n'avez pas besoin d'abîmes !

— Pas tant que ça, pour pondre des inepties. Il n'y avait rien du tout dans ce que j'ai eu sous les yeux. Ce que j'y ai vu est ma propre affaire. J'ai trouvé des abîmes en moi. Ils sont dans ma tête... c'est déjà quelque chose. Mais le monstre vous a donc écrit ? demanda-t-il.

— Comment pouvait-il ne pas le faire... le soir même ? J'ai reçu sa lettre le lendemain matin ; il me disait à quel point il voulait me remercier et il me demandait s'il pourrait me revoir. Et donc je suis allée le voir, acheva Maud.

— De nouveau chez lui ?

— De nouveau chez lui. Vous savez que je n'aspire à rien d'autre que d'aller chez les gens.

— Oui, en effet, pour le matériau. Mais, une fois que vous avez obtenu le matériau, ainsi que vous l'avez obtenu de lui... ?

— Eh bien, parfois, voyez-vous, j'obtiens davantage. Il m'a donné tout ce que je pouvais prendre. » Elle eut envie de demander à Bight si par hasard il n'était pas jaloux, mais elle s'exprima autrement. « Nous avons eu de longs palabres, en partie à votre sujet. Il apprécie.

— Il *m'*apprécie ?

— Il m'apprécie *moi*, avant tout, je pense. D'autant plus que j'avais reçu... imaginez donc !... des épreuves de mon article, celui qui avait été méprisé et rejeté, tel que je l'avais concocté à l'origine, et qu'il les a vues. J'avais de nouveau essayé de le placer à *Intellects*, le soir où est paru votre machin... je l'ai envoyé avec votre machin inclus comme stimulant. Ils l'ont accepté par retour de courrier... vous le verrez mercredi. Et si le cher homme survit jusque-là à son impatience, je déjeunerai avec lui le jour même.

— Je vois, fit Bight. Eh bien, c'est justement pour ça que j'ai écrit ce machin. Ça montre à quel point j'ai eu raison. »

Ils se regardèrent en face, au-dessus de la vaisselle grossière, avec des yeux qui en disaient davantage que leurs mots, qui, surtout, disaient, et demandaient, d'autres choses. Mais elle reprit enfin : « Je ne sais pas ce qu'il peut bien *ne pas* attendre. Il croit que je peux faire un effort de plus.

— Déjeuner avec lui *tous* les mercredis ?

— Oh, il m'offrirait mon repas, et davantage encore. Vous aviez raison, dimanche dernier, en me disant de m'accrocher, poursuivit-elle. J'aurais été vraiment stupide de lâcher prise. Je vous suis terriblement obligée.

— Vos sentiments ont changé ? demanda-t-il bientôt. Changé au point que j'ai laissé passer ma chance ? Ce serpent-là, je m'en moque, mais il y a quelque chose d'autre que vous ne me dites pas. » Le jeune homme, détaché et un peu fourbu, avec son dos appuyé au mur et une main tripotant vaguement les couteaux, enchaîna cette suite de phrases sans but apparent. « Quelque chose d'autre est arrivé, et vous êtes contente comme Polichinelle. Ou plutôt, vous n'êtes pas entièrement contente, parce que vous ne parvenez pas à me rendre furieux. Vous ne pouvez pas m'inquiéter autant que vous le voudriez. Épousez-moi d'abord, mon vieux, et alors vous verrez si je m'inquiète. Pourquoi ne feriez-vous pas l'effort... de déjeuner avec lui, veux-je dire ? » C'étaient des répliques qui semblaient faire partie d'un jeu absurde, car il ne prenait pas le temps d'attendre des réponses ; pourtant, elle aurait pu répondre aussitôt, si toutefois le jeu absurde n'avait pas été davantage que ce qu'elle attendait. « L'avez-vous revu à l'endroit où il nous a emmenés ? reprit-il.

— Grands dieux non !... à son appartement, où j'avais déjà été. Je ne pense pas m'être trompée... tout était bien là. Seulement, cette fois-ci, il m'a tout montré... la salle de bains, le réfrigérateur, et les machines pour défroisser ses pantalons. Il en a neuf, toujours en état de fonctionnement.

— Neuf ? fit gravement Bight.

— Neuf.

— Neuf pantalons ?

— Neuf machines. Je ne sais pas combien de pantalons.

— Ah, ma chère, dit-il, c'est une sérieuse lacune ;

ce défaut d'information sera remarqué et vous sera reproché. Quoi qu'il en soit, est-ce que tout cela vous a suffisamment rapporté ? » demanda-t-il. Puis, comme elle ne disait rien, il se laissa aller à une sincérité désarmée. « Croyez-vous vraiment qu'il rêve de vous avoir ? »

Alors elle répliqua comme si elle le trouvait trop drôle. « Parfaitement. C'est indubitable. Il s'imagine que je tire les ficelles, que je bats du tambour, quelque part, la plupart des jours de l'année ; c'est-à-dire qu'il s'imagine non tant que je vais écrire sur " notre foyer "... une fois que j'en aurai trouvé un..., mais que je vais pousser d'autres à le faire du moment que je suis en rapport (comme vous le lui avez fait croire !) avec les Organes de l'Opinion Publique. Il ne voit pas pourquoi, si je me comporte convenablement, il n'y aurait pas quelque chose sur lui chaque jour de la semaine. Et, somme toute, qui pourrait obtenir ça pour lui mieux que quelqu'un qui partage son appartement ? C'est comme confectionner soi-même, dans un grand siphon domestique, ce luxe des pauvres, sa propre eau gazeuse. Ça revient moins cher, et c'est toujours sur le buffet. " *Vichy chez soi.* " * Le journaliste à la maison. »

Son ami suivit son raisonnement. « Votre place est sur *mon* buffet... vous êtes une eau pétillante de premier ordre. Donc, lui, en tout cas, marche sur les brisées de Beadel-Muffet.

— C'est ce qu'il aimerait faire », acquiesça Maud.

Et elle savait plus que jamais qu'il y avait quelque chose à attendre.

« C'est un charmant début », répliqua Bight. Mais il n'ajouta rien pour le moment ; comme si, emplie à ras bord de ce qu'il avait en tête, elle complétait d'elle-même ce qu'il aurait pu dire.

« Qu'avez-vous fait avec le pauvre Beadel ? demanda-t-elle enfin. Au nom du ciel, qu'allez-vous donc *lui* faire ? C'est pis que jamais.

— Bien sûr c'est pis que jamais.

— Il gambade sur les toits de chaque maison, dit Maud, il bondit de chaque buisson. » Et elle laissa éclater son anxiété. « Est-ce *vous* qui faites ça ?

— Si vous voulez dire que je le vois, oui, certainement. Je ne vois personne d'autre. Je reconnais qu'il force la dose.

— Mais vous agissez pour lui ? »

Bight attendit avant de répondre. « Cinq cents personnes agissent pour lui ; mais la difficulté est que ce qu'il appelle " les forces terrifiantes de la publicité "... par quoi il entend mille autres personnes... agissent *contre* lui. En fait, nous avons tous été ameutés pour mettre fin à tout, et c'est exactement l'entreprise qui fait le plus de bruit. Il paraît partout, en toutes sortes d'occasions et dans toutes sortes de caractères, que Sir A.B.C. Beadel-Muffet K.C.B., M.P. désire cesser de paraître où que ce soit ; et puis il paraît que son désir de cesser de paraître conduit directement au fait qu'il paraît terriblement, et de la façon la plus frappante, ne pas disparaître le moins du monde. Cet atelier de silence rugit comme un zoo à l'heure du repas. Il *ne peut pas* disparaître ; il n'a pas assez de poids pour sombrer ; les gerbes de son plongeon indiquent où il se trouve, voyez-vous. Si vous me demandez ce que je fais, acheva Bight, je vous dirai que je le maintiens sous l'eau. Mais nous sommes au milieu de la mare, les rives pullulent de spectateurs, et je m'attends de jour en jour à voir se dresser des stands et demander un droit d'entrée. Voilà où nous en sommes », fit-il avec un sourire accablé. Puis il ajouta avec un curieux changement de ton : « De plus, je crois que vous verrez ça demain. »

Ces propos avaient fini par la rendre affreusement nerveuse. « Que vais-je voir ?

— Tout sera fini.

— Alors pourquoi ne me diriez-vous pas tout ?

— Eh bien, il *a* disparu, déclara le jeune homme. Voilà tout. Disparu en personne, veux-je dire. On n'arrive pas à le trouver. Mais rien ne peut davantage contribuer à l'omniprésence, voyez-vous. Tout le pays va en retentir. Il a disparu mardi soir... où on l'a vu pour la dernière fois à son club. Depuis lors il n'a donné aucun signe de vie. Comment un homme peut-il disparaître en faisant une chose pareille ? Ça revient à gambader sur les toits, comme vous dites. Mais ça ne sera su que ce soir.

— Et vous, depuis quand le savez-vous ? demanda Maud.

— Depuis trois heures cet après-midi. Mais je l'ai gardé pour moi. Je vais le garder pour moi encore un petit moment. »

Elle était stupéfaite ; des larmes lui montaient aux yeux. « Qu'espérez-vous en obtenir ?

— Rien... si vous me coupez l'herbe sous le pied. Je crois comprendre que c'est ce que vous voulez. »

Elle ne prêta pas attention à cette remarque ; elle avait son idée. « Alors pourquoi m'avez-vous écrit il y a trois jours ce mot mystique ?

— Mystique... ?

— Ce que vous appelez “ bouffonnerie ”.

— Oh, je m'en souviens. Eh bien, c'était parce que je voyais se dessiner une bouffonnerie ; parce que je voyais ce qui s'était passé, veux-je dire. J'étais sûr que ça devait se passer.

— Et de quoi diable s'agit-il ? »

Bight eut un sourire. « De ce dont je vous parle. Il est parti.

— Parti où ?

— Il s'est simplement claquemuré dans une région inconnue. “ Où ”, c'est justement ce qu'aucun de ses proches ne semble capable de dire, ni maintenant ni plus tard.

— Ni pourquoi ?

— Ni pourquoi.

— *Vous seul* êtes capable de le dire ?

— Eh bien, répondit Bight, je peux dire ce qu'il m'a récemment communiqué au fond des yeux, ce qu'il m'a confié de sa manière grotesque : son désir d'une plus grande discrétion exprimée par les Journaux eux-mêmes. Il est venu à moi pour cela, ajouta le jeune homme. Ce n'est pas moi qui suis venu à lui.

— Et il vous a fait confiance, répliqua Maud.

— Eh bien, vous voyez ce que je lui ai donné... la fleur même de mon génie. Que voulez-vous de plus ? Je suis épuisé, laminé, courbatu. Je suis écœuré par sa sale frousse », conclut Bight.

Malgré cette déclaration, Maud eut un regard un peu dur. « Est-il complètement sincère ?

— Bon Dieu, non ! Comment pourrait-il l'être ? Il ne fait qu'essayer... comme un chat qui rase un mur avant de sauter. Il se ramasse.

— Sa frousse n'est donc pas authentique ?

— Aussi authentique que lui. »

Maud réfléchit. « Sa fuite n'est donc pas... ?

— C'est ce que nous allons voir !

— ... n'est donc pas sa raison ? reprit-elle.

— Ah, vous y êtes de nouveau ! » s'écria Bight avec un rire.

Mais elle avait une autre idée et ne fut pas découragée. « Ne serait-il pas franchement fou ?

— Fou... ? Oh, oui ! Mais pas franchement, je pense. Il n'est franchement rien d'autre au monde que le Beadel-Muffet de nos délices.

— Vos délices me révoltent », déclara Maud au bout d'un moment. Et puis elle demanda : « Quand l'avez-vous vu pour la dernière fois ?

— Mardi à six heures, mon trésor. J'ai été un des derniers.

— Et donc nettement un des pires, j'estime. » Elle exprima son idée. « Vous l'avez traqué.

— Je lui ai fait part d'un succès, rétorqua Bight. Je lui ai dit comment se déroulaient les choses.

— Oh, je vous vois d'ici ! De sorte que s'il est mort...

— Eh bien ? fit Bight avec calme.

— Vous aurez son sang sur les mains. »

Il jeta un coup d'œil sur ses mains. « Elles sont sales à cause de lui ! Mais maintenant, chérie, poursuivit-il, ayez la bonté de me montrer les vôtres.

— Dites-moi d'abord, objecta-t-elle, ce que vous croyez. Est-ce un suicide ?

— Je pense que c'est à nous, répondit-il en souriant, de faire en sorte que c'en soit un... avant que quelqu'un d'autre n'en fasse quelque chose d'autre. » Et il montra combien cette perspective l'enflammait. « Mais nous avons encore des semaines devant nous, ma petite. »

Il se pencha vers elle, les coudes sur la table, et, dans cette attitude, ému par l'extrême gravité de sa compagne, il lui frôla le menton du doigt. Toujours grave, elle recula à ce contact, mais ils restèrent ainsi rapprochés durant un moment. « Ma foi, je ne vous plaindrai pas, déclara-t-elle enfin.

— Vous plaignez donc tout le monde sauf moi ?

— Si vous en venez à vous détester vous-même, veux-je dire, précisa-t-elle.

— Oh, votre pitié ne me manquera pas ! » Et puis, comme pour prouver à quel point il saurait s'en passer, il ajouta : « Je vous l'ai laissé entendre à Richmond, vous savez.

— Je ne vous plaindrai pas si vous l'avez tué, insista-t-elle.

— Dans ce cas, vous vous déciderez pour les *neuf* ? » Et comme cette allusion, avec sa drôle d'emphase, la laissait perplexe : « Vous voulez porter *tous* ces pantalons, veux-je dire ?

— Vous mériteriez que je veuille de lui », répondit-elle après avoir enfin compris. Et elle ajouta : « Il a un ravissant appartement. »

Eh bien, il pouvait répliquer sur le même ton. « Ce nombre de neuf vous séduit comme celui des Muses, j'imagine ? »

Curieusement, ce bref échange, malgré toute son ironie, les rapprocha un peu plus, Maud ayant maintenant les coudes sur la table, et son ami se tenant figé sur sa chaise à l'écouter. De sorte que la jeune fille enchaîna : « J'ai vu trois fois Mrs Chorner. Je lui ai écrit le soir après notre conversation à Richmond, pour lui demander de la voir. J'ai eu du culot comme jamais je n'en avais eu. Je lui ai dit que le public serait tellement heureux d'entendre parler d'elle " à l'occasion de ses fiançailles " !

— Et vous appelez ça du culot ? fit Bight d'un air amusé. Elle a dû accepter avec enthousiasme.

— Non, elle a accepté mollement ; mais elle a

accepté. Ce que vous m'avez dit là-bas, dans le parc... eh bien, s'est produit aussitôt. Elle a consenti à me recevoir, et donc jusqu'à présent vous avez eu raison de me conseiller de m'accrocher. Et, selon vous, pour quelle raison m'a-t-elle reçue ?

— Pour vous montrer *son* appartement, *sa* baignoire, *ses* jupons ?

— Elle ne vit pas en appartement ; elle vit dans une maison à elle, une drôlement belle, dans Green Street, Park Lane ; et j'ai vu en effet sa baignoire, qui est un rêve... toute en marbre et en argent, comme une sorte de sarcophage ultra-chic, une chose pour la Wallace Collection ; et si vous portiez vous-même des jupons, vous auriez tout de suite vu que les siens sont tout ce qu'on peut avoir de mieux. Il ne fait aucun doute qu'elle a de l'argent... étant donné ce qui l'entoure, et étant donné aussi son aspect, la pauvre créature, qui exigerait quelques rectifications.

— Elle louche ?

— Elle est tellement laide qu'elle est *obligée* d'être riche... elle ne peut pas s'offrir d'avoir moins de cinq mille livres par an. En fait, je l'ai bien vu, elle peut s'offrir n'importe quoi... même le nez qu'elle a. Mais elle est drôle, et elle est digne ; incisive, mais dans le bon genre. Et ils ne sont *pas* fiancés.

— Elle vous l'a dit ? Alors vous y êtes !

— Tout dépend, continua Maud, et vous ne savez pas du tout où je suis. Je sais, *moi*, de quoi ça dépend.

— Alors vous y êtes vraiment ! C'est une mine d'or.

— Peut-être, mais pas comme vous l'entendez. Elle ne m'accorderait pas une ligne d'entretien... ce n'est pas pour ça qu'elle m'a reçue. C'est pour quelque chose de bien mieux. »

Bight pouvait facilement deviner de quoi il s'agissait. « Pour *mon* travail ?

— Pour voir ce qui peut être fait. Elle déteste toute cette publicité autour de lui. »

Le visage du jeune homme s'illumina. « Elle vous l'a dit ?

— Elle m'a reçue exprès pour me le dire.

— Alors pourquoi m'interrogez-vous sur mes " bouffonneries " ? Que désirez-vous de plus que ça ?

— Je ne désire rien de plus que ce que j'ai ; je ne désire rien d'autre que l'aider, veux-je dire. Nous sommes devenues amies... elle me plaît. Et je *lui* plais, déclara Maud Blandy.

— Exactement comme à Mortimer Marshal ?

— Non, pas exactement comme à Mortimer Marshal. J'ai aussitôt saisi son idée... c'est ça qui lui a plu. Son idée est que je peux l'aider... l'aider à les faire taire sur Beadel ; elle a eu l'impression que je lui tombais du ciel, au bon moment, dans ce but précis. »

Howard Bight suivait attentivement, mais réagit avec un peu de retard. « Faire taire *qui*... ?

— Eh bien, les sales Journaux... c'est ce dont nous avons parlé. Elle veut qu'il en sorte tout de suite... *tout de suite.*

— Elle aussi ? s'étonna Bight. Elle aussi est terrifiée ?

— Non, elle n'est pas terrifiée... ou du moins ne l'était-elle pas la dernière fois que je l'ai vue. Elle trouve que c'est allé trop loin... et c'est ce qu'elle voulait que je comprenne de moi-même, moi, une jeune femme honnête, convenable, à qui on peut faire confiance, et qu'elle imagine plongée dedans jusqu'au cou. Ma relation avec elle maintenant est que je l'ai comprise, et que si une amélioration se produit, je n'aurai pas à le regretter. Par conséquent, conclut Maud, vous voyez que vous me tranchez tout simplement la gorge quand vous empêchez une amélioration.

— Allons, ma petite, répliqua son ami, je ne vous saignerai pas à blanc. » Et, sur ce, il ne cacha pas qu'il était frappé. « Donc, selon vous, elle ignore... ?

— Elle ignore quoi ?

— Eh bien, ce qu'il y a peut-être à savoir sur lui. Elle ignore sa fuite ?

— Elle l'ignore... sûrement.

— Et elle ignore aussi ce qui peut la rendre vraisemblable ?

— Ce que vous appelez l'étrange raison de Beadel ? Sans doute... elle ne me l'a pas plus révélée que vous ; cependant, elle a nettement fait allusion au fait que lui-même détestait, ou prétendait détester, être ainsi exposé chaque jour.

— Elle dit qu'il le prétend... ? » demanda Bight. Maud rectifia. « Elle pense qu'il est assez ridicule... c'est ce qu'elle m'a pratiquement dit. Elle exprime franchement ce qu'elle pense ; et, ma parole, c'est pour ça qu'elle me plaît. Elle en a l'estomac retourné, et elle a posé sa condition. " Muselez votre Presse ", lui a-t-elle dit, " et puis nous en reparlerons ". Elle lui donne trois mois... elle lui en donne même six. Et, en attendant, la question, pour en revenir à vous, est de savoir comment vous allez opérer le musellement.

— La Presse, mon enfant, déclara Bight, est le chien de garde de la civilisation, et le chien de garde se trouve être... on n'y peut rien... dans un état de rage chronique. La museler, c'est vite dit ; on ne peut que faire fuir l'animal. Mais cette Mrs Chorner à l'air d'être un personnage de fable, ajouta-t-il.

— C'était ce qu'elle m'avait paru être, je vous l'ai dit, quand, il y a quelque temps, vous m'avez fait part, comme d'une pure hypothèse, pour fournir un motif à Beadel, de la façon dont vous la voyiez. Votre hypothèse s'est confirmée, continua Maud, avec cette seule différence, si je vous comprends bien, qu'elle n'explique pas tout. Mais ça n'a pas d'importance, lui accorda-t-elle sincèrement. Votre pressentiment était une inspiration.

— Un coup de génie ? » Il avait été le premier à le penser. Mais certains éléments étaient beaucoup moins clairs. « Quand l'avez-vous vue pour la dernière fois ?

— Il y a quatre jours. C'était la troisième fois.

— Et elle ne soupçonnait toujours pas la vérité sur lui ?

— J'ignore, voyez-vous, répondit Maud, ce que vous appelez la vérité.

— Eh bien, qu'il ne savait pas du tout, alors, vers où se tourner. C'est suffisamment de vérité. »

Maud réfléchit. « Je ne vois pas comment elle aurait pu le savoir sans être bouleversée. Elle n'était pas bouleversée, affirma la jeune fille. Elle n'est pas du genre à être bouleversée. Mais elle est originale.

— Ma foi, elle devra l'être, la pauvre créature.

— Originale ?

— Bouleversée. Oui, et originale aussi, si elle ne renonce pas à l'entreprise. » Il resta un instant songeur – il y avait tant de choses à prendre en considération. « Elle voit cet animal frénétique comme il est, et pourtant elle est prête à...

— Ce que je vous ai demandé il y a trois mois, répliqua Maud, c'est justement comment elle pouvait bien être " prête ". »

Il ne se le rappelait pas – il tenta de rassembler ses souvenirs. « Et qu'est-ce que je vous ai répondu ?

— Eh bien, pratiquement, que les femmes étaient des idiotes. Et aussi, je crois, qu'il était d'une beauté éblouissante.

— Ah, oui, en effet, le pauvre type, quoique sa beauté aujourd'hui soit en péril.

— Tiens donc ! » fit Maud. Ils s'étaient levés, comme si leur conversation était terminée, mais ils restèrent un instant immobiles, pendant qu'il attendait sa monnaie. « Si c'est le cas, reprit la jeune fille, alors ça le sauvera. S'il est déshonoré, telle que je la vois, elle l'acceptera, car il ne sera pas ridicule. Et je peux comprendre ça. »

Bight la regarda avec une telle intensité qu'il en oublia de vérifier sa monnaie avant de l'empocher. « Oh, vous autres... !

— Toutes des idiotes, n'est-ce pas ? »

Bight éluda cette question, et, les yeux toujours fixés sur elle, il répliqua : « Vous ne devriez pas vouloir qu'il *soit* déshonoré.

— Je ne peux pas vouloir qu'il soit mort... même si ça l'arrange. »

Il la regarda encore un peu. « Mais si ça vous arrange, *vous* ? » Cependant, elle avait tourné les talons, et il la suivit jusqu'à la porte, devant laquelle, après l'avoir franchie, ils échangèrent, dans la petite rue, refuge contre le flux du Strand, quelques autres propos assez vifs. Ils étaient seuls, la ruelle étant vide pour le moment, et ils sentirent tout d'abord qu'ils avaient attendu d'être un peu plus isolés, ce dont, en l'occurrence, ils tirèrent vite avantage. « Vous devez déjeuner de nouveau avec l'homme à l'appartement ?

— Mercredi, comme je vous l'ai dit ; à deux heures moins le quart.

— Alors faites-moi le plaisir d'annuler.

— Pourquoi ? L'idée vous déplaît ?

— Faites-moi ce plaisir, faites-moi ce plaisir, répéta-t-il.

— Pour ne pas lui faire plaisir, à *lui* ?

— Balancez-le. Nous l'avons lancé. C'est suffisant. »

Mais la jeune fille voulait seulement être équitable.

« C'est *vous* qui l'avez lancé ; j'admets que vous êtes quitte.

— Oui, mais ça *vous* a lancée... en faisant se repentir *Intellects* ; vous voyez donc que vous me devez quelque chose, tous les deux. Je ne réclame rien à cet individu, mais je vous rappelle votre dette. Il n'y a pour vous qu'un seul moyen de la régler. » Puis, comme elle détournait les yeux vers le Strand rugissant : « Avec dévotion. » Elle soutint alors son regard, mais il se produisit quelque chose qui arrêta les mots sur leurs lèvres. Un bruit atteignit leurs oreilles, d'abord confus, la voix des vendeurs de journaux qui, dans la grande artère, criaient : « édition spéciale », en y mêlant une annonce qui les fit sursauter. Leurs yeux prirent une expression plus intense lorsqu'ils distinguèrent : « Mystérieuse Disparition... ! » porté par l'air, puis se perdant dans le tintamarre. Il était facile de compléter l'annonce, et ce fut Bight qui le fit, le souffle coupé. « Beadel-Muffet ? Les bandits !

— Déjà ? fit Maud, qui avait nettement pâli.

— Ils ont été les premiers à savoir... qu'ils aillent au diable ! »

Bight éclata de rire – tribut à leur émoi –, mais elle lui posa la main sur le bras pour l'inciter à tendre de nouveau l'oreille. La nouvelle était là, dans les gorges rauques ; elle était là, pour un penny, sous les lampadaires, au cœur du flot qui l'entraînait pour la faire accoster. Enfin ils saisirent tout – « Un Éminent Homme Public ! » Et il y avait quelque chose de brutal et de sinistre dans la façon dont on livrait cela à la nuit illuminée, à la rivalité des autres bruits, à l'insensibilité générale des écoutes et des regards qui, sur les trottoirs londoniens, n'interdisait cependant pas l'exercice d'une curiosité cynique. Il avait été, le pauvre Beadel, éminent et public, mais du moins n'avait-il jamais paru à Maud Blandy autant empreint de ce caractère qu'en ce moment où il était bruyamment voué à l'extinction. C'était horrible – c'était tragique ; mais la pitié qu'elle éprouvait pour lui était froide. « S'il a disparu, je suis perdue.

— Oh, il a disparu... désormais, dit Bight.

— Je veux dire s'il est mort.

— Ma foi, peut-être n'est-il pas mort. Je vois ce que vous voulez dire, ajouta son ami. S'il est mort, vous ne pouvez pas le tuer.

— Oh, elle le veut vivant ! répliqua Maud.

— Sinon, elle ne peut pas le balancer ? »

À quoi la jeune fille, anxieuse et désemparée, ne répondit pas directement. « Adieu à Mrs Chorner ! Et c'est à *vous* que je dois ça !

— Ah, ma chérie ! protesta-t-il vaguement.

— Oui, c'est vous qui l'avez détruit, et cela pour vous dédommager de ce que vous avez fait pour moi.

— Vous voulez dire que j'ai fait ça *contre* vous ? Je ne savais pas que vous preniez ça tellement au sérieux ! »

Pendant ce temps, les cris continuaient : « Mystérieuse Disparition d'un Éminent Homme Public ! » Ils paraissaient s'enfler ; toujours à l'écoute, Maud piétinait d'impatience. « Je déteste trop ça ! » déclara-t-elle ; et elle quitta son compagnon pour se mêler à la foule.

Mais il la rejoignit vivement, et parvint à l'arrêter avant qu'elle n'eût atteint le Strand. « Vous voulez dire que vous détestez tellement ça que vous ne voudrez pas de moi ? »

Il l'avait immobilisée, et elle lui répliqua avec la même décision. « Je ne voudrai pas de vous s'il est mort.

— Donc, est-ce que vous voudrez de moi s'il n'est pas mort ? »

Elle le regarda droit dans les yeux. « D'abord, est-ce que vous le savez ?

— Non... j'aimerais bien le savoir.

— Parole d'honneur ?

— Parole d'honneur.

— Ma foi, reprit-elle après une hésitation, si *elle* ne me laisse pas tomber...

— C'est une chose entendue ? » insista-t-il.

De nouveau elle hésita. « Eh bien, faites-le réapparaître d'abord. »

Le marché qu'ils concluaient dans la rue parut être une question de bonne foi, à en juger par le long regard qu'ils échangèrent. « Je le ferai réapparaître », affirma Howard Bight.

V

Si ce n'avait pas été un désastre, le plongeon de Beadel-Muffet dans l'obscurité aurait été un énorme succès ; tellement grand était l'espace qu'occupait l'éminent homme public, tellement près il était, plus près certainement qu'il ne l'avait jamais été, de supplanter tout autre sujet. La question de l'endroit où il pouvait se trouver, de ses antécédents, de ses habitudes, de ses motifs possibles, de ses ennuis probables ou improbables, faisait nettement rage, de jour en jour et d'heure en heure, rendant le Strand, pour nos deux jeunes amis, vociférant d'une manière très féroce et très cruelle. Ils se retrouvèrent vite, au cœur du tumulte, et aucun autre regard que celui de Maud n'aurait su scruter avec autant d'ardeur les remarques et les rumeurs en cours, sinon celui de son compagnon. Les remarques et les rumeurs étaient pour la plupart très étonnantes, et toutes de nature à augmenter l'excitation déjà produite chez les deux camarades par le fait de se sentir « au courant ». Ce sentiment existait même chez la jeune fille, de sorte qu'elle pouvait sourire du déchaînement des conjectures ; elle se surprit à en savoir beaucoup plus qu'elle ne le croyait, et ainsi, en particulier, elle s'abstint, avec assez de délicatesse, de tourmenter, de catéchiser, Bight. Elle se contentait de le regarder comme pour dire : « Voyez avec quelle générosité je vous épargne, pendant que le suspense se prolonge », et son attitude n'était pas affectée par la promesse intéressée qu'il lui avait faite. Elle pensait qu'il en savait davantage qu'il ne le disait, bien qu'il lui eût juré qu'il ne savait rien ; bref, elle estimait qu'il tenait certaines ficelles tout en en ayant perdu d'autres, et qu'il était, autant qu'elle pût le deviner, dans un état d'esprit formé en mesure égale d'assurances sans fondement et d'anxiétés inavouées. Il aurait aimé passer pour avoir cru, du fait de son cynisme, et pour la simple beauté ironique de la chose, que le héros du jour était seulement, comme il l'avait toujours été, « embringué » dans quelque chose dont il émergerait plus glorieux, ou du moins plus visible, que jamais ; mais, sachant que le monsieur était par-dessus tout stupide, il n'était pas non plus dénué de raisons de sentir ses craintes se multiplier. En d'autres termes, si Beadel était assez idiot, comme c'était concevable, pour susciter l'occasion, il était du même coup assez idiot pour en avoir perdu le contrôle, pour avoir commis quelque folie dont même les crétins ne peuvent pas se remettre. C'était l'étincelle de soupçon qui sapait l'aisance du jeune homme, et cela, Maud le savait, expliquait quelque chose d'autre.

La famille et les amis n'avaient été que trop promptement approchés, et assiégés ; mais Bight, avec une égale promptitude, s'était nettement retiré du jeu – en avait eu, on pouvait aisément le juger, plus que son compte. Qui sinon lui, pourtant, aurait pu plus naturellement se jeter sur le foyer abandonné, sur le club désemparé, sur l'ami qui avait été le dernier à converser avec l'éminent disparu, sur le garçon, dans des salons triés sur le volet, qui lui avait servi son thé de cinq heures, sur le portier, dans l'auguste Pall Mall, qui lui avait hélé son dernier fiacre, sur le cocher, suprêmement privilégié, qui l'avait conduit – où ? « Le Dernier Fiacre » aurait été, se disait notre jeune femme, un gros titre tellement selon le cœur de son ami, tellement en accord avec son génie, qu'elle eut besoin de toute sa discrétion pour ne pas lui demander comment il y avait pu y résister. Elle ne le lui demanda pas, elle se contenta de se réserver ce titre pour un futur usage – toute cette histoire lui aurait au moins fourni cela, « Le Dernier Fiacre » ; et, tandis que les jours passaient et que les « éditions spéciales » s'accumulaient, la situation entre eux se gonfla de tout l'inexprimé. Des affaires qui étaient sérieuses pour chacun en dépendaient – et, par exemple, rien n'en dépendait autant que de revoir Mrs Chorner. Voir cette dame dans l'état antérieur des choses avait signifié que cette pauvre femme avait pu être induite à croire en Maud. Croyant en elle, elle l'aurait payée, et la jeune fille, disposée comme elle l'était, s'était sentie vraiment capable de gagner sa paie. Quel que fût ce qui flottait dans l'air, rien, en l'occurrence, ne planait plus à la dérive que le profit envisagé pour le musellement de la Presse. Mais comme le chien de garde à quoi Bight l'avait comparée aboyait à pleine gueule, le moment n'était guère propice pour solliciter une personne qui avait offert une récompense pour le silence. Le seul silence, comme nous l'avons dit, était celui que Maud gardait envers son ami sur les ennuis qu'elle subissait. Mrs Chorner était une femme qu'elle aimait bien – elle avait avec elle un rapport qui était plus à son goût que tous ceux qu'elle avait connus dans sa profession, mais la dame, tourmentée par l'anxiété, se sentant au supplice, pouvait bien avoir ces mots au bord des lèvres : « Voyez donc ce que vous avez fait ! »

Il y avait justement dans le visage de Bight un air de s'en rendre compte – il ne pouvait pas l'éviter ; et c'était une des raisons pour lesquelles elle n'insistait pas devant lui sur ses propres déboires. S'il ne pouvait pas le cacher, cela faisait partie du reste de l'inexprimé ; il ne faisait pas allusion à la dame de crainte de s'entendre trop vivement répliquer que c'était à cause d'*elle* qu'il aurait dû le plus rougir. Enfin, ce qui le poussait surtout à se taire, c'était la conscience de ce qu'il avait lui-même déclaré quand les nouvelles lui étaient tombées dans les oreilles. Son engagement à « faire réapparaître » le fugitif était encore dans l'air, mais chaque jour qui passait le rendait moins en mesure d'accomplir cette promesse. Par conséquent, comme la propre promesse de Maud, dans un domaine différent, dépendait de cet accomplissement, Bight n'était naturellement pas pressé de mettre la question à l'épreuve. De sorte qu'ils se contentaient de lire les Journaux en s'observant l'un l'autre. En vérité, la jeune fille estimait que ces organes n'avaient jamais été autant dignes d'attention, et que son ami et elle – quel que fût le montant de leurs anciennes obligations – ne leur avaient jamais été autant redevables. Ils les aidaient à attendre, et, vraiment, plus le mystère durait, mieux cela valait. Il épaississait chaque jour, le mystère, sa masse augmentait, ses indices se multipliaient, il était menaçant dans le nuage de correspondances, de communications, de suggestions, de suppositions, de spéculations, qui finissait par le noyer. Les théories et les explications germaient durant la nuit et s'épanouissaient le matin, pour être couronnées à midi par une végétation encore plus foisonnante et pour parvenir le soir à la densité d'une forêt tropicale. C'étaient les clairières verdoyantes où nos jeunes amis erraient de nouveau.

Sous l'impression du choc du premier soir, Maud avait écrit à Mortimer Marshal pour annuler leur déjeuner – initiative dont elle avait avisé Bight comme d'une preuve de sa volonté de jouer franc jeu. Il accueillit cette décision, elle s'en aperçut, pour ce qu'elle valait, mais elle s'aperçut aussi qu'il n'y attachait désormais guère d'importance. Il songeait à l'homme avec l'étrange agitation duquel il avait si habilement et si imprudemment joué, et, en face de la catastrophe dont ils étaient encore susceptibles d'avoir des nouvelles, les vanités des idiots de moindre envergure, les commodités des appartements de premier ordre, le souvenir des thés Chippendale, cessèrent d'être réels ou du moins d'être importuns. Le vieil article de Maud, remanié et rafraîchi, avait paru le mercredi prévu dans *Intellects*, mais elle n'avait pas reçu l'hommage personnel renouvelé de celui qui l'avait inspiré – elle se l'était seulement figuré, encore une fois, se livrant à l'achat et à la diffusion à grande échelle du précieux numéro. Cependant, c'était une vision qui ne les fit pas sourire, ni Bight, ni elle ; c'était d'une piètre drôlerie, comparée à l'ampleur de celle de l'autre aventure. Mais il advint que tandis que cette dernière, durant dix jours, continuait d'être drôle à un point qui leur fit faire longue mine, le pauvre monsieur célébré dans *Intellects* parvint à faire comprendre qu'on ne pouvait pas si facilement le laisser tomber. Il voulait manifestement, ainsi que se le dit la jeune fille, vivre à plein orchestre, et elle comprit, d'après trois ou quatre messages dont il l'honora, qu'il épiait avec anxiété des échos qui n'étaient pas encore perceptibles. Son attente des résultats de ce que notre jeune couple avait fait pour lui aurait été un objet de pitié pour un jeune couple moins doué de sens du comique ; bien que, en fait, c'eût été également un objet de railleries pour un jeune couple moins attentif à un drame différent. Privé de la compagnie de la jeune fille chez lui, l'auteur de *Corisanda* avait proposé de nouveaux rendez-vous, auxquels elle avait désiré sur le moment, et en fait chaque fois davantage, ne pas se rendre ; au point même que l'apercevant par hasard sans être vue, dans l'éternel Strand, elle retint aussitôt son premier élan, qui était d'aller vers lui. Il était devant elle, dans la foule, marchant dans la même direction. Il s'était arrêté un instant pour regarder une vitrine, et ce fut alors qu'elle fit un écart à temps pour ne pas le frôler. Elle tourna brusquement les talons, convaincue qu'il rôdait à sa recherche, ainsi qu'elle le formulait mentalement.

Elle-même, la pauvre créature – comme elle se le disait également –, rôdait sans vergogne, mais ce n'était pas pour se faire indignement « mousser », ce n'était pas pour en recueillir un avantage personnel. C'était pour recueillir des nouvelles de Beadel-Muffet, pour être plus proche des éditions spéciales, et c'était aussi – sur ce point elle n'était jamais aveugle – pour avoir ainsi l'occasion de croiser Howard Bight. En vérité, en cette période, elle ne jouissait guère des bénédictions de l'aveuglement – elle avait parfaitement conscience de la place occupée, dans son comportement actuel envers ce jeune homme, par la simple impossibilité de ne pas le voir. Elle en avait sûrement fini avec lui, s'il avait effectivement tué Beadel, et rien désormais ne se développait plus vite que cette présomption d'une catastrophe, dont la révélation scandaleuse restait cependant à faire, se déroulant quelque part dans une obscurité désespérée – mais sans doute « en des termes », comme disaient les Journaux, qui n'étaient prévus par aucun des théoriciens dans leurs propres colonnes, non plus que par les gens malins dans les clubs, où les paris allaient bon train. Elle en avait fini avec lui, indubitablement, mais elle n'en avait pas fini – c'était aussi incontestable – avec le fait de lui faire voir à quel point elle *pourrait* en avoir fini avec lui ; ou, pour présenter les choses différemment, elle mettait le trésor en réserve – comme par crainte de futures privations. Elle était en outre préoccupée par une autre considération – peut-être à demi consciemment ; son attitude envers Mortimer Marshal avait quelque peu tourné à l'effroi ; elle s'interrogeait avec malaise sur les impressions qu'elle avait pu lui donner ; que cet homme vain eût cru ou non en eux, elle avait finalement le sentiment gênant qu'il y avait une limite à la confiance qu'elle avait communiquée à un ami. Car c'était son ami, après tout – quoi qu'il pût se produire ; et il y avait des choses que, même à ce titre embarrassant, elle ne pouvait pas lui permettre de supposer. C'était en fait une bizarre affaire que de se demander maintenant si elle, Maud

Blandy, avait inspiré à un homme sain d'esprit l'idée de flirter.

Elle se vit elle-même dans cette possibilité comme dans quelque réflecteur grotesque, un miroir en pied de qualité inférieure qui déforme et qui décolore. Ce flirt faisait d'elle un personnage nettement dérisoire, et elle ne se livrait, cette fille pleine de franchise, à rien de l'apitoiement sur soi qui lui aurait épargné l'ombre de cette conscience aiguë, aurait ôté des proportions de son visage un pouce de chair qui y aurait été absent avec avantage, ou en aurait ajouté un dans d'autres zones où sa présence aurait été la bienvenue. Elle aurait pu attacher au nombre des cheveux de sa tête le nombre de fois où elle avait souhaité rester vague à leur sujet, de même qu'elle aurait pu essayer, avec découragement, de prendre des postures gracieuses autant de fois qu'elle avait pu rêver d'y être parvenue par accident. Bref, dénuée d'illusions personnelles, exempte de vanité avec une exemption qui lui donnait une triste conscience de l'échec de ses chapeaux, de ses jupes et de ses souliers, autant que de l'échec de son nez, de sa bouche et de son teint, et, par-dessus tout, de sa pauvre silhouette démunie de courbes, elle rougissait à l'idée de paraître pouvoir se vanter d'avoir fait la conquête de ce jeune homme. Quant aux avances de l'*autre* jeune homme, qu'était-ce sinon de la pure convoitise – nullement pour elle-même, mais pour le lien dont il avait formé le projet ridicule ? Elle était maintenant prête à se dire qu'elle avait fanfaronné devant Bight par plaisanterie – avec en fait l'étrange désir de le détromper au moment où il aurait été plus libre que jamais de penser ce qu'il voulait. La seule chose qu'elle désirait ne pas le voir penser, croyait-elle, c'était qu'elle s'imaginât que Mortimer Marshal – ou quiconque sur la terre – la trouvait intrinsèquement charmante. Elle ne voulait pas avoir à lui dire : « Vous figurez-vous que je me figure que s'il fallait... ? » – ses raisons pour souhaiter éviter cette mise au point étant aisément concevables. Il ne devait pas se figurer qu'elle eût en ce domaine l'impression d'avoir ensorcelé quelqu'un, ou d'être ensorcelée ; mais, leur crise se prolongeant, les rectificatifs n'étaient guère de mise. Elle ne pouvait même pas lui rappeler, sans faire une faute, qu'elle avait seulement voulu le tourmenter ; d'abord parce que cela aurait laissé entendre qu'elle avait la prétention de savoir user d'armes dont son image dans le miroir accusait l'absence – aurait peut-être même laissé entendre qu'elle savait en user lorsqu'elle déjeunait avec des arrivistes dans de luxueux appartements ; ensuite parce que cela aurait pu paraître mettre son camarade au défi de renouveler sa proposition.

De plus, et surtout, elle avait un doute qui déjà l'aurait rendue prudente, car il la mettait mal à l'aise au milieu de son attente anxieuse ; elle était hantée par le sentiment persistant de s'être probablement montrée futile. Après tout, n'y avait-il pas eu une pointe de certitude envers ce qui s'ouvrait à elle, un élément d'allégresse, dans sa conversation avec Bight au sujet de Marshal ? Ne s'était-elle pas plu à penser que ce malheureux pouvait en effet s'accrocher à elle ? Et ne s'était-elle pas amusée à emplir, en imagination, son propre avenir du tableau d'une relation bizarre ? Elle ne l'avait pas estimée bizarre, manifestement ; mais l'avait-elle estimée impossible, impensable ? Elle était désormais devenue impensable, et Maud n'ignorait pas complètement la manière dont le changement s'était opéré. De telles opérations étaient étranges – mais elles avaient lieu ; elle avait fini par trouver odieux cet idiot de Marshal *parce que justement* elle s'était durcie à l'égard de Bight. Ce dernier n'était pas un idiot, mais c'était ce qui rendait d'autant plus dommage qu'il eût placé entre eux une chose impraticable. C'était la conclusion à laquelle elle était parvenue, tandis que les jours passaient. C'*était* impraticable – elle n'aurait pas pu dire clairement pourquoi, elle n'aurait pas pu l'expliquer à la mesure de la faute qu'avait commise son camarade. C'était une faute, c'était une faute – elle n'arrivait pas à se sortir de cette conviction ; ce qui était, sans doute, une preuve du fait qu'elle tentait confusément d'en sortir. Et cet effort lui faisait sacrifier l'auteur de *Corisanda* – tout, pour nous, peut se résumer à cela. Grandes, en l'occurrence, pour la pauvre Maud Blandy, grandes, mais attachantes, aussi, étaient l'obscurité et l'ambiguïté où naissaient et se développaient ses motifs – profondes étaient les ténèbres de ses calculs, de ses contradictions, de ses incohérences, de ses surprises. En vérité, cela la reposait un peu de sa droiture – de son caractère tranché, pensait-elle, comme la ligne qui séparait Edgware Road de Maida Vale –, de pouvoir ainsi être curieusement incohérente, et incohérente dans la cohue du Strand, où, plus que partout, on devait, sous la menace des roues et des sabots, décider si on traversait ou non. Par moments, devant les vitrines qu'elle ne regardait pas, elle se sentait submergée par tout l'inexprimé. Elle avait dit à son ami qu'elle plaignait tout le monde, et, dans ces moments-là, elle-même fortement agitée, elle plaignait Bight pour la tension qu'il y avait entre eux, et qui ne connaissait aucun répit.

Tout cela était trop étrange, trop complexe – chacun d'eux se trouvait dans un coin différent avec une impossibilité différente. Il y avait son propre coin, loin dans Kilburnia ; il y avait le coin de son ami, un peu partout – car où n'allait-il pas ? et il y avait le coin de Mrs Chorner, à l'extrême limite de la « Park Line », malgré la splendeur de ses jupons et de ses baignoires de marbre ; et il y avait le coin de Beadel-Muffet, le malheureux, Dieu seul savait où – ce qui mettait le suprême accent d'incohérence à toute cette histoire : lui qui était prêt à donner sa tête, si toutefois il avait encore une tête, ce qui semblait fort peu probable, pour pouvoir glisser sous les couvertures et échapper à la lumière aveuglante ; lui, pouvait-on supposer, qui avait écumé l'Europe à la recherche d'un trou où les

Journaux ne pourraient pas le dénicher, et puis qui, dans ce trou, avait – car que pouvait-on imaginer d'autre, désormais ? – trouvé la mort comme seul moyen de ne pas voir, de ne pas entendre, de ne pas connaître, à plus forte raison de ne pas être connu, entendu, vu. Enfin, tandis qu'il gisait là-bas, soulagé par le seul soulagement possible, il y avait le pauvre Mortimer Marshal, têtu, obtus, obstiné, tellement avide de faire parler de lui d'une façon à peu près semblable, de voir son nom imprimé à une échelle à peu près égale, qu'il était incapable, du fait de son aveuglement, de retenir la leçon qui était dans l'air, et se précipitait de toutes ses forces vers le bateau qui emportait le spectre édifiant. C'était justement ce qui constituait plus que tout l'incohérence de cette farce lugubre, et ce sur quoi Bight avait mis le doigt en déclarant que l'auteur de *Corisanda* était candidat au rôle vacant, comique ou tragique. C'était un moment merveilleux pour atteindre un tel idéal, et pour Maud le spectacle ne serait pas vraiment terminé tant qu'elle n'aurait pas vu la merveille jusqu'au bout.

Une quinzaine de jours avaient passé depuis le soir de la disparition de Beadel, et les conditions présidant aux matinées du drame finnois s'étaient à un certain degré reproduites – c'est-à-dire quant au lieu, à l'heure, et à la plupart des acteurs ; car le public, pour des raisons explicables, était différemment composé. Une dame de « haute position sociale », manifestement désireuse d'accentuer ce caractère à l'aide du théâtre, avait loué la salle pour une série de représentations où elle devait affronter en personne toute l'attention qu'elle pourrait réussir à susciter. Sa réussite n'avait pas été immédiate, et, dès le troisième ou quatrième jour, l'attention du public avait été si défaillante que les moyens employés pour la reconquérir avaient même atteint, sous la forme d'un billet de faveur, notre jeune héroïne. Maud avait demandé à Bight, lequel bien sûr devait également avoir reçu une place, de venir avec elle, et elle lui avait proposé de le retrouver sous le porche du théâtre. Il s'y présenta avec un visage tellement étrange – à ce qu'elle remarqua grâce à sa subtilité – qu'elle se planta devant lui pour lui déclarer brutalement, avant qu'ils n'entrassent dans la salle : « Vous savez quelque chose !

— Sur ce parfait crétin ? » Il secoua la tête, d'un air assez aimable, qui ne le rendait pas plus naturel pour autant, sentit-elle. « Ma petite, ça me dépasse.

— Je parle de ce pauvre cher Beadel, précisa-t-elle avec une ombre d'incertitude.

— C'est de lui que je parle, moi aussi. Personne, désormais, à aucun moment, ne parle de quelqu'un d'autre. Mais j'ai perdu le contrôle intellectuel... de ce cas extraordinaire. Je me flattais d'en avoir encore une certaine quantité. Mais finalement la situation m'échappe. Je cale. *Non comprendi ?* Je renonce. »

Elle continua de le regarder intensément. « Alors qu'est-ce qui ne va pas avec vous ?

— Eh bien, justement *ça*, sans doute... j'ai l'impression d'être un homme intelligent qui a été roulé, et le ton que vous prenez avec moi ajoute à cette impression. Ou, en d'autres termes, ce n'est peut-être qu'une de mes façons d'être intéressant ; à savoir que, avec la vie que nous menons et à l'époque où nous vivons, il y a toujours quelque chose qui ne va pas avec moi... on n'y peut rien : une rage, un dégoût, quelque nouvelle stupeur contre laquelle on n'est pas " blindé ", malgré toute son expérience. Ce sentiment d'avoir été une fois encore possédé peut bien, à l'occasion, se refléter sur la mine. Voilà, vous y êtes. »

Il pouvait dire « vous y êtes » aussi souvent qu'il le voulait, sans qu'elle vît le moins du monde où elle était, au stade qu'ils avaient atteint. Elle était seulement là où elle se trouvait, dans un coin du hall, écoutant ce qu'il lui disait, et qu'elle estimait très caractéristique, en ayant l'étrange impression qu'il parlait contre la montre, et, surtout, en étant tourmentée par l'idée qu'elle ne pouvait vraiment rien faire de mieux, en un moment pareil, que de le trouver terriblement gentil. Ce moment-là – où il évitait nettement (elle aurait dit impudemment s'il se fût agi d'un autre) de lui répondre d'une manière satisfaisante – ne se prêtait qu'à une émotion en accord avec la dignité de notre jeune fille. La foule arrivait maintenant, les submergeant, les bousculant et les interrompant ; mais ce qui se passa réellement durant ce bref échange, alors qu'elle ne trouvait rien à lui répliquer, ce fut que la dignité parut se détacher d'elle, tomber sur le sol, pour être livrée au piétinement de gens visiblement munis de journaux ; et le jeune homme sembla inviter son amie à l'y laisser, en lui offrant généreusement son bras pour la conduire dans la salle.

À l'intérieur, une fois assis, ils restèrent à leurs places durant deux entractes, mais à la fin du troisième acte – il ne devait y en avoir pas moins de cinq – ils se trouvèrent pris dans un mouvement qui emportait la moitié du public à l'extérieur. Howard Bight désirait fumer, et Maud offrit de l'accompagner pour cela jusqu'au porche, où ils eurent aussitôt tous deux le fort sentiment que *ceci*, le sordide Strand, humide mais incandescent, laid mais éloquent, familier mais nouveau, était la vie, palpable, pondérable, possible, bien plus que le machin, ni scénique ni cosmique, qu'ils venaient de quitter. La différence s'imposa à eux, émanant de la rue dans une rafale douce et moite, et ils la trouvèrent d'abord, en la respirant longuement, plus amusante que leur pièce, même si pour le moment les bruits flottant dans l'air ne leur parvenaient que vagues et mêlés. Puis, bien sûr, ils perçurent le cri rauque des vendeurs de journaux, avec toutefois l'impression singulière d'un son qui n'était pas distinct – lequel, pour autant qu'il leur parvînt, leur fit échanger un regard. Il n'y avait alors aucun crieur à portée de voix.

« Que crient-ils ?

— Du diable si ça m'intéresse ! » répondit Bight en craquant une allumette – ce qu'il fit au moment où ils virent un vendeur s'approcher d'eux. Les Journaux arrivaient en vue sous la forme d'un petit garçon braillant le « Gagnant » de quelque chose, et à l'instant même où ils s'aperçurent qu'ils avaient un sursis, ils s'aperçurent également de la présence de Mortimer Marshal.

Il n'en éprouvait aucune honte. « J'étais certain que je vous trouverais.

— Mais vous n'étiez pas dans la salle ? demanda Bight.

— Non, pas aujourd'hui... j'ai seulement pensé que je ferais bien de passer. Mais j'étais à toutes les autres représentations, avoua Mortimer Marshal.

— Oh, vous êtes un fidèle », remarqua Bight, dont l'accueil envers le pauvre homme, sentit Maud, semblait vouloir dissiper l'importunité dudit pauvre homme. Leur ami avait assisté trois fois à la pièce, dans l'espoir de la trouver dans le public à un acte ou à un autre, et, s'il avait renoncé par découragement à y retourner, il continuait de rôder et d'attendre. Qui pourrait dire maintenant qu'il n'avait pas eu sa récompense ? Rencontrer enfin Maud Blandy, et de plus avec son compagnon, donnait à cette récompense un caractère qui, pour être manifesté aux yeux de la jeune fille, exigeait toutes les forces expressives du gros visage plat, terne, mais doux et empressé de cet individu malavisé. Elle se rendit compte avec horreur qu'elle était en face d'un objet matériel – à l'aspect accusé par l'éclat de la rue – que dans des moments pervers elle avait cru devoir regarder pour le restant de ses jours. Elle se demanda, dans son agitation, à quoi il pouvait bien lui faire songer ; peut-être avant tout à une grande assiette de porcelaine vide, avec un « motif » soigné, accrochée, au-dessus de têtes infortunées, au centre du plafond domestique. Vraiment, elle en apprenait davantage à chaque heure qui passait, comme si la tension subie avait un pouvoir éducatif – une tension qui, semblait-il, élargissait l'esprit, formait le goût, enrichissait même l'imagination. Mais il faut ajouter que malgré cela elle continuait d'être assez stupéfaite de l'attitude prise par son camarade – Bight agissant comme s'il se réjouissait sincèrement de l'apparition de Marshal. Il le traitait si courtoisement, comme on dit, qu'on aurait pu penser qu'il s'était soudain pris à apprécier sa compagnie ; ce qui parut bien étrange à Maud, jusqu'à ce qu'elle comprît – et alors elle trouva ce comportement légèrement sinistre. Car elle savait que cet honnête monsieur avait pour effet de rendre son ami nerveux et méchant, et donc la candeur apparente de Bight ne pouvait être qu'une forme dangereuse de son irritation, qui encourageait la candeur de son interlocuteur. Elle avait pour ce dernier un résidu de pitié, tandis que son compagnon, elle le sentait, n'en avait aucun, et elle ne voulait absolument pas que le pauvre homme payât cela de sa vie.

Cependant, il fut clair en quelques minutes que c'était ce qu'il avait tendance à faire, et elle se trouva impuissante devant son insistance prétentieuse. Elle avait pris sa mesure ; il avait été *créé* pour faire d'incorrigibles tentatives et pour échouer irrémédiablement – bref, pour être toujours vaincu sans jamais s'en apercevoir. Il ne se déchaînait pas – il était inconcevable qu'il le fît, sinon la citadelle aurait sans doute cédé à son assaut ; il passait seulement sa vie à tourner autour, en demandant à toutes les personnes qu'il croisait comment diable on pouvait y pénétrer. Et tout le monde se moquait de lui – mais personne autant que le camarade de Maud en ce moment même –, et tout lui faisait défaut, sauf la perfection de son humeur, de son tailleur, de ses manières, et de sa médiocrité. Il se félicitait manifestement de l'heureux hasard qui l'avait de nouveau mis en présence de Bight, et ne fut pas long à leur proposer d'aller de nouveau prendre le thé avec lui après la fin de la pièce. Cette proposition excita l'esprit de malice du jeune homme à tel point que la jeune fille en fut effrayée ; en un mot, elle entendit avec anxiété Bight lancer l'idée d'inviter à son tour Mr Marshal.

« Seulement, je crains de ne pouvoir vous emmener que dans une petite taverne que nous fréquentons, nous autres pauvres journalistes.

— C'est justement le genre d'endroit qui me ravit... ce sera pour moi extraordinairement intéressant. Je m'y aventure parfois... je m'y sens terriblement dépaysé, je vous assure, et je me demande qui sont les gens qui s'y trouvent. Mais, y aller avec *vous*... ! » Et il fit glisser son regard de Bight vers Maud, puis de Maud vers Bight, avec de tels abîmes de joie qu'elle comprit qu'il était vraiment perdu.

VI

C'était démoniaque de la part de Bight, qui aussitôt répondit à Marshal qu'il lui dirait avec plaisir qui étaient les gens qui s'y trouvaient, et Maud s'inquiéta encore plus quand son ami, faisant peu de cas du reste du spectacle qu'ils avaient quitté, suggéra de le sacrifier pour se rendre sur l'autre scène. Il était vraiment trop pressé pour sa victime – elle se demandait ce qu'il pouvait bien vouloir en faire. Il pouvait tout au plus lui jouer un tour – inventer des identités appétissantes pour les ternes clients, une fois qu'ils seraient attablés. Personne, dans l'endroit qu'ils fréquentaient, n'avait d'identité appétissante, personne n'était quelqu'un, ou quelque chose. L'essence des termes de cette existence – termes auxquels, du moins, *elle* était réduite – paraissait être que les gens qui y étaient impliqués ne pouvaient même pas susciter la curiosité des autres, à plus forte raison leur envie ou leur respect craintif. Elle aurait par conséquent désiré intervenir auprès de leur solliciteur, le prévenir contre une tromperie ; mais ils parcouraient déjà le Strand, et s'engagèrent bientôt dans une rue de traverse sans qu'elle eût ouvert la bouche. Bight, elle le sentait, faisait en sorte qu'elle ne pût rien dire ; il bavardait deux fois plus, en conduisant son agneau à l'abattoir. La conversation s'était portée sur le pauvre Beadel – Maud eut le sentiment que son camarade l'avait orientée dans cette direction, presque avec brusquerie, dans l'idée que cela suffirait à la faire taire. Les gens parmi lesquels elle vivait pouvaient bien ne susciter aucune curiosité, mais bien sûr il y avait toujours une nette exception pour *lui.* Bref, elle tint sa langue, en se demandant où Bight voulait en venir ; en fait elle aurait pu penser qu'il y était déjà parvenu, à la vue des réactions de leur invité. C'est-à-dire qu'il était parvenu – et elle aussi, du coup – à provoquer les signes les plus évidents des ravages d'une passion ; car Marshal acquiesça sublimement à la remarque, faite d'une façon infernale, que Beadel, quel que fût le trou ou le placard où il s'était caché, avait après tout puissamment éveillé l'intérêt du public. Et avec quelle franchise insidieuse Bight avait lancé cette idée ! « Je crois n'avoir jamais vu le public (et je l'observe jour et nuit, comme on doit le faire dans ma besogne) aussi parfaitement intéressé. » Ils étaient tout occupés par ce phénomène – celui de la perfection de l'intérêt soulevé – lorsqu'ils s'installèrent pour leur humble repas, servi avec des accessoires fort différents de ceux du cher Chippendale (caractéristique dont le jeune homme sut également jouer avec efficacité), et il aurait été difficile de dire si l'invité, dans les premiers temps, était envoûté par le sujet de la « mainmise » sur la ville accomplie par l'éminent disparu, ou plus encore par la nappe délicieusement rêche, la forme étonnante des salières, et le fait qu'il eût dans son champ visuel, à l'autre bout de la salle, en la personne d'un petit homme tranquille portant des lunettes bleues et ce qui était manifestement une perruque, la plus grande autorité de Londres sur la vie secrète des classes criminelles. Beadel, cependant, revint sur le tapis – et il y serait visiblement resté si Bight n'avait pas éprouvé le besoin de faire comprendre à son amie que c'était pour *elle* qu'il agissait. Mais pourtant quelle pouvait bien être son intention ? – car elle ne pouvait pas être aussi simple que de se jouer de leur infortuné invité. Et Maud se demanda ce qu'elle allait apprendre sur *lui* – surtout au moment où elle s'apercevait qu'elle en avait encore à apprendre sur Bight. Éclairée par son attitude, elle finit par conclure que son ardeur n'était que la forme prise par une fièvre intérieure. Cette fièvre, selon ce raisonnement, était le résultat d'un accès de sens des responsabilités. Le mystère de Beadel s'était épaissi d'une façon intolérable – comme ils s'en rendraient compte bientôt ; et, en attendant, le jeune homme tâchait de s'en tirer en bluffant, justement parce qu'il était sur le point d'en être submergé.

« Vous voulez dire que vous-même seriez prêt à payer de votre vie ? » Il posa cette question d'un ton suave, en fixant son invité par-dessus la table ; suave bien sûr en dépit de l'éclat dur de ses yeux.

Son invité prit alors une expression magnifique. « Ma foi, c'est un très joli sujet de réflexion. Certains aimeraient sûrement *sentir* leur nom entouré d'une vaste rumeur, être plus ou moins là pour ne pas perdre cette impression, et ce plaisir, me semble-t-il, voyez-vous ; sentir que l'énorme métropole, l'immense empire, le monde entier se suspendent à ce nom, sursautent chaque fois qu'il est mentionné. C'est une grosse sensation, ça, vous savez, argumenta Mr Marshal avec un sourire, et, évidemment, si on est mort, on ne peut pas en jouir. Pour en jouir, on devrait revenir à la vie.

— Sans doute, reconnut Bight. Seulement, c'est justement ce que les morts ne font pas. On ne peut pas avoir le beurre et l'argent du beurre. La question que je vous pose, expliqua-t-il avec bonne humeur, c'est si vous seriez prêt, dans la certitude de susciter la vaste rumeur dont nous parlons, à vous séparer de votre vie dans des circonstances extraordinairement mystérieuses. »

Son invité le regarda avec sérieux. « Si *je* serais prêt... ?

— Mr Marshal voudrait savoir, intervint Maud en se tournant vers Bight, si vous lui suggérez vraiment cette possibilité, dans la mesure où vous vous intéressez personnellement à sa réputation. »

Mr Marshal posa sur elle des yeux doux et ronds, et elle comprit, en s'émerveillant, qu'il ne pensait pas qu'elle plaisantât. Il souriait – il souriait toujours, mais son anxiété apparaissait ; puis il s'adressa de nouveau à leur compagnon. « Vous voulez dire... euh... en sachant l'impression que ça pourrait produire ?

— Eh bien, oui... on peut dire ainsi. En ayant conscience de ce que signifierait une disparition inexplicable... disparition qui déjà serait inexplicable en raison de la haute position du disparu... ce qu'elle ne pourrait pas s'empêcher de signifier, pour des millions et des millions de gens. Le sujet de réflexion... et j'admets avec vous qu'il est " très joli "..., consiste à se demander si l'impression ainsi produite en vaut les frais. *Naturellement*, naturellement, il ne s'agit que de l'impression que vous produiriez. Car vous-même vous n'en recevriez aucune. Vous ne le pourriez pas. Vous auriez seulement votre confiance... dans la mesure où c'est une impression. Oui, c'est vraiment un très joli sujet de réflexion ; et je vous le soumets seulement, acheva Bight, parce que, voyez-vous, vous aimez fort être reconnu. »

Mr Marshal fut dérouté, mais il ne le fut pas au point de ne pas être capable, avec un rien de fausse modestie, mais avec assez de bravoure, d'acquiescer. Le regardant alors, Maud se trouva le comparer mentalement à quelque petit animal innocent et dodu, plus ou moins de l'ordre du lapin aux yeux roses ou du cochon d'Inde luisant, hypnotisé par les lents mouvements d'un serpent aux écailles étincelantes. Les écailles de Bight, en vérité, n'avaient jamais autant étincelé que ce soir-là, et il employait d'une façon admirable les nuances convenables de la gravité – qui ne faisaient que contribuer à son éclat. Il évitait à la fois une trop grande légèreté qui lui aurait donné l'air de faire une offre trompeuse, et un trop grand sérieux qui aurait trahi une volonté de moquerie. Il était très convaincant dans le rôle de réparateur de notoriétés défaillantes, exposant à son invité un plan d'action pratique. C'était vraiment comme s'il était prêt à garantir la « rumeur », si de son côté Mr Marshal était prêt à en payer le prix. Et ce prix ne pouvait *naturellement* être que l'existence même de Mr Marshal – du moins si Mr Marshal était amené à comprendre tout cela. La chose prodigieuse fut que Mr Marshal y fut vite amené – mais, comme on pouvait s'y attendre, avec d'importantes restrictions. « Vous êtes vraiment sûr, demanda-t-il, qu'on susciterait ainsi ce délicieux genre d'intérêt ?

— Vous voulez parler des nuages qui s'accumulent autour du nom de Beadel ? » Bight réfléchit, d'un air qui en disait long. « Ça dépend beaucoup de *qui* il s'agit. »

Mr Marshal se tourna de nouveau vers Maud Blandy, avec un regard qui paraissait suggérer qu'elle aurait pu poser cette question pour lui. Elle pensa qu'il lui pardonnait de l'avoir si curieusement abandonné, mais qu'il l'implorait maintenant de ne pas le laisser lutter seul. Cependant elle craignait, pour le moment, de ne pas pouvoir venir à son secours, comme il semblait le demander, sans rendre comique toute cette affaire ; par conséquent, elle se contenta de le regarder intensément, ne lui laissant que la possibilité de s'adresser de nouveau à leur ami. « Oh, évidemment, fit-il avec une profonde mélancolie d'où le comique n'était pas absent, tout le monde ne peut pas prétendre être Beadel.

— Très juste. Mais après tout nous parlons de tous les gens qui comptent. »

Il y eut un moment de silence, pendant lequel le pauvre homme hésitait. « Vous voulez dire que je compte, *moi*... d'une façon quelconque ? »

Howard Bight buvait du miel. « La question n'est-elle pas de découvrir à quel point vous comptiez, ou à quel point, en l'occurrence, nous pourrions faire en sorte que vous comptiez, dans le cas d'une véritable catastrophe ? »

Mr Marshal pâlit, mais il fit front avec grâce. « J'aime la façon dont vous parlez de catastrophes ! » Et il jeta un coup d'œil à Maud.

Son hôte fit justice à cette remarque. « Oh, c'est seulement parce que, voyez-vous, nous sommes tout particulièrement en présence de l'une d'elles. Beadel montre à un point extrême ce qu'une catastrophe fait à la personne qu'il faut. Son absence, peut-on dire, double, quintuple, sa présence.

— Je vois, je vois ! » Mr Marshal était passionné. « C'est terriblement intéressant d'être tellement présent. Et pourtant c'est assez épouvantable d'être tellement absent. » Cela le laissait songeur ; car ces contraires ne pouvaient-ils pas être conciliés ? « S'il *est* absent... ! lança-t-il enfin.

— Oh, il est certainement absent, répliqua Bight, s'il est mort.

— Et, qu'il soit mort, c'est vraiment ce que vous croyez ? »

Sur quoi il poussa un étrange soupir, comme pour soulager un esprit trop plein. C'était d'un côté une vision sinistre de son propre cas, mais de l'autre une manière de dégager le terrain. Avec Beadel hors du circuit, son propre cas pourrait s'affirmer, et il réfléchissait visiblement à ce que pouvait signifier le fait d'être aussi mort que ça et en même temps aussi vivant. Cependant, le premier effet de sa question fut de pousser Howard Bight à regarder Maud droit dans les yeux. Elle soutint son regard, mais ne dit toujours rien. Elle le sentait insondable, adoptant envers leur invité captivé une attitude qui créait un nouveau suspense. Il se pouvait qu'il l'eût regardée pour trouver quoi répondre, mais en cela elle ne pouvait pas l'aider. Donc, il reprit bientôt sans qu'elle intervînt. « J'ai complètement renoncé à m'occuper de lui. »

Cette déclaration pénétra au fond de Marshal, où elle provoqua enfin une réaction. « Alors il devrait revenir, fit-il. Pour voir de lui-même, veux-je dire, pour recueillir l'impression.

— Du bruit qu'il a fait ? Oui, ce serait l'idéal, convint Bight.

— Et ça ferait... euh... encore plus de bruit, si on doit appeler ça du bruit, poursuivit candidement Marshal.

— Oh, mais si c'est impossible ?

— Impossible, voulez-vous dire, d'en faire davantage, après en avoir tant fait ?

— Impossible de revenir, bon sang ! répondit Bight d'un ton un rien acerbe. On ne peut pas revenir d'entre les morts. »

Le pauvre Marshal dut encaisser. « Non... en effet... si on est vraiment mort.

— C'est ce dont nous sommes en train de parler, non ? »

Maud tendit alors une perche, par pitié. « Mr Marshal, je pense, parle sur la base d'une autre possibilité. » Mr Marshal lui lança aussitôt un regard de gratitude, ce qui la poussa à continuer. « Tant qu'on n'est pas entièrement mort, on peut toujours revenir.

— Oh, fit Bight, à temps pour assister au remue-ménage ?

— Avant que l'intérêt ne soit tombé, déclara Marshal. Car alors, évidemment, il ne tomberait pas, n'est-ce pas ?

— Non, en effet, accorda Bight. Non, s'il ne s'est pas éteint par lassitude, du fait qu'on est resté trop longtemps perdu.

— Oh, bien sûr, reconnut son invité, on ne doit pas

rester trop longtemps perdu. » Une perspective s'était visiblement ouverte pour lui, et une idée lui vint. Mais il fit une pause avant de l'exposer. « À peu près combien de temps, pensez-vous... ? »

Bight dut réfléchir pour répondre. « Je dirais que Beadel l'a dépassé. »

Le pauvre monsieur écarquilla les yeux. « Mais s'il ne peut pas s'empêcher... ? »

Bight éclata de rire. « Peut-être, mais sinon... »

Maud intervint de nouveau, et, comme sa question fut posée à Bight, Marshal fut tout ouïe. « Vous considérez donc que Beadel a dépassé son temps ? »

Eh bien, cela prêtait de nouveau à réflexion. Cependant, la réponse de Bight ne fut pas des plus claires. « Je ne pense pas que nous puissions le dire avant terme. Je ne pense pas que nous puissions bien juger de ce cas spécial sans en avoir vu l'issue. D'un côté, il se pourrait que Beadel ait pour ainsi dire fait effondrer sa cote ; d'un autre côté, il se pourrait qu'il l'ait fait monter comme jamais auparavant.

— Et il se pourrait que ce soit un nouveau départ pour lui, déclara Maud.

— Oui, il y a justement cette possibilité ! dit Marshal, rayonnant.

— Quel dommage, alors, s'écria Bight en riant, qu'il n'y ait personne pour en profiter ! Profiter, veux-je dire, de la lumière qu'elle jetterait sur les lois... si mystérieuses, si curieuses, si intéressantes... qui gouvernent les grands courants de l'attention publique. Elles ne sont pas entièrement fantasques... sauvages et incontrôlables ; elles ont leur étrange logique, leur raison obscure... pour peu qu'on puisse la saisir ! L'homme qui la saisit, voyez-vous... et qui peut garder pour lui sa découverte !... fera sa propre fortune pour toujours, et fera aussi sans doute celle de quelques autres. C'est *notre* domaine, *notre* préoccupation, en fait, à Miss Blandy et moi-même... cette poursuite de l'incalculable, cette étude, à dessein, des grandes forces de la publicité. Seulement, bien sûr, on ne doit pas oublier, poursuivit Bight, que dans le cas dont nous parlons... un homme qui disparaît à la manière de Beadel, et qui supplante pour le moment tout autre sujet, doit avoir quelqu'un sur place pour entretenir le feu, quelqu'un qui agisse, avec une véritable intelligence, dans son intérêt. C'est-à-dire s'il veut en tirer tous les avantages lorsqu'il réapparaîtra. Il ne faudrait pas que ça tombe à plat, voyez-vous.

— Oh non, surtout pas ! » Marshal frémissait à cette idée. Pris dans l'étau de la grande lucidité de son hôte, il exsudait son intérêt par tous ses pores. « Ça ne tomberait pas à plat pour Beadel, n'est-ce pas ? Je veux dire s'il devait réapparaître.

— Pas du tout ! Ça ne tomberait pas à plat pour Beadel... je crois pouvoir m'en porter garant. » Et Bight s'en porta tellement garant qu'il se cala dans sa chaise les pouces glissés dans les emmanchures de son gilet et la tête bien redressée. « La seule chose, c'est que pour le pauvre Beadel c'est en somme un luxe gâché... si déplorablement gâché qu'on regrette vraiment, ma parole, qu'il n'y ait personne pour intervenir.

— Pour intervenir ? » Son interlocuteur était suspendu à ses lèvres.

« Pour tirer le meilleur profit de la situation, dirai-je... pour faire ce qu'il faut ; pour maîtriser la tempête qui a été soulevée. Pour saisir l'instant psychologique. »

Marshal suivait bien, mais il se questionnait. « De sa réapparition, voulez-vous dire ? Je vois. Mais l'homme qui réapparaîtra devra être celui qui a disparu, n'est-ce pas ?... si je comprends bien. Il ne faudrait pas non plus que ce soit quelqu'un d'autre qui soit exposé, n'est-ce pas ? »

Bight le regarda d'un air attentif... comme si de belles possibilités étaient ouvertes. « Non, en effet ; à moins que l'individu exposé ne se présente, disons... eh bien, avec des nouvelles de lui.

— Mais quelles nouvelles ?

— Avec des lumières... les plus sinistres seraient les meilleures... sur les ténèbres. Avec des faits sur la disparition... vous comprenez ? »

À son tour, Marshal s'enfonça dans sa chaise. « Mais il faudra qu'il connaisse ces faits !

— Oh, ça, ça peut s'arranger », répliqua promptement Bight avec solennité.

C'en était maintenant trop pour sa victime, qui tourna vers Maud un œil dilaté et une joue empourprée. Elle se sentit alors conduite à dire : « Mr Marshal aimerait être exposé. »

Elle avait une main à plat sur la table, et l'effet de ses paroles fut d'inciter Mr Marshal à la couvrir d'une des siennes, avec respect, mais comme pour exprimer ce qu'il ne pouvait déclarer. « Voulez-vous dire, demanda-t-il à Bight d'une voix haletante, que vous avez, au milieu de l'effondrement général des spéculations, des faits à donner ?

— J'ai toujours des faits à donner. »

Cela fit naître sur le visage du pauvre homme un large et chaleureux sourire. « Mais... comment vais-je dire ?... des faits authentiques, ou bien ce que vous autres gens avisés appelez des faits " inspirés " ?

— Si je devais m'occuper de la situation que nous imaginons, alors bien sûr je m'arrangerais en l'occurrence pour que mes faits... eh bien, en soient dignes. J'en prendrais la peine », affirma Bight avec pour sa part un sourire modeste.

Cela parut conclure l'affaire. « En prendriez-vous la peine avec *moi* ? »

Bight le regarda intensément. « Vous aimeriez donc être exposé ?

— Oh, " exposé " ! » murmura faiblement Marshal. Un désarroi se lisait dans ses yeux – un doute et un désir anxieux. « Ainsi, vous seriez prêt à me préparer pour... ?

— La question, coupa Bight en riant, c'est de savoir si *vous* seriez prêt à me laisser vous préparer. »

Il y eut un moment d'échange de regards, puis Marshal réagit. « Je ne sais pas ce que vous cherchez à me faire dire ; je ne sais pas ce que vous cherchez à me faire *sentir*. Quand on est au milieu de gens tellement au courant de ces choses-là... » – et il tourna alternativement vers ses compagnons des yeux qui semblaient soupçonner un désastre, des yeux paraissant implorer pitié – « ... on a un peu l'impression de devoir se sauver de soi-même. Car on dirait qu'on est plutôt stupide, avec son pauvre petit souhait...

— Le petit souhait, mon cher monsieur, enchaîna Bight, d'être en vue dans le monde ! Votre souhait est le souhait de tous les grands esprits.

— C'est gentil à vous de le dire, ne sut que répondre Mr Marshal. Même si ce souhait est pitoyable ou vain, je n'aimerais pas avoir vécu entièrement inconnu. Et si vous voulez savoir si je comprends que vous parlez, pour ainsi dire, d'un point de vue professionnel...

— Vous me comprenez donc ? demanda Bight en faisant reculer sa chaise.

— Oh oui, fort bien !... en voyant déjà ce que vous pouvez faire. Je n'ai guère besoin de dire qu'ayant vu ça, je ne marchanderai pas.

— Alors c'est moi qui marchanderai, répliqua Bight en souriant. Avec les Journaux, veux-je dire. Il doit y avoir un partage des profits.

— Des " profits " ? s'étonna Marshal d'un air vague.

— Notre ami, expliqua Maud à Bight, veut seulement une position. »

Bight lança un regard à son amie. « Ah, mais il doit prendre ce que je lui donne.

— Mais ce que vous me donnez, objecta bravement leur invité, c'est justement une position.

— En effet ; mais dans les termes que j'obtiendrai ! Bien sûr je ne vous exposerai pas avant de vous avoir préparé, poursuivit le jeune homme. Et quand je vous exposerai, ce sera comme une vraie valeur.

— Vous obtiendrez ça de moi ? fit en frémissant le pauvre monsieur.

— Je serai capable, je pense, d'obtenir tout ce que je demanderai. Maintenant, il est temps de nous séparer. » Et Bight se leva d'un bond.

Marshal fit de même, et tandis que, les mains sur sa chaise, il cherchait un équilibre devant ces perspectives vertigineuses, tous deux se firent face de part et d'autre de la table. « Oh, c'est vraiment merveilleux !

— Vous n'avez pas peur ? »

Marshal détourna les yeux vers une carte encadrée au mur, où était inscrit le mot « soupes ». Puis il regarda Maud, qui n'avait pas bougé. « Je n'en sais rien ; peut-être ; il faut que j'y réfléchisse. Ce dont je devrais avoir peur, ajouta-t-il, c'est de son retour.

— Le retour de Beadel ? En effet, vous seriez fichu. Mais puisqu'il ne peut pas...

— Je me remets entre vos mains », déclara Mortimer Marshal.

Maud Blandy n'avait toujours pas bougé ; elle avait les yeux baissés vers la nappe. Elle avait distingué un petit bruit tranchant venu de la rue, et que les autres n'avaient apparemment pas remarqué ; l'ayant instinctivement enregistré, elle attendit discrètement qu'il se répétât. C'était le hurlement du Strand, c'étaient des nouvelles du disparu, et ça aurait des conséquences. Elle eut une hésitation, car elle se sentait gênée par le regard extrêmement intense que Marshal avait posé sur elle. Il ne pouvait pas être sauvé de lui-même, mais il pouvait encore l'être de Bight ; or la possibilité de le mettre en garde dépendait bien sûr de la nature des nouvelles. Elle réfléchit profondément, pendant que ses amis allaient décrocher leurs manteaux, et, avant qu'ils ne l'eussent fait, elle était debout. Alors elle parla. « Je ne veux pas que vous soyez “ fichu ”. »

Marshal se montra sensible à cette alarme. « Mais comment pourrais-je l'être ?

— Quelque chose s'est passé.

— Quelque chose... ? » Les deux hommes avaient parlé ensemble.

Ils s'étaient immobilisés sur place ; Maud perçut de nouveau le bruit. Un crieur de journaux, dehors, braillait les titres de son « édition spéciale » à l'appel d'un client. « Mort de Beadel-Muffet... Nouvelles Sensationnelles ! »

Tous restèrent bouche bée, et Maud, les yeux fixés sur Bight, le vit, d'abord avec satisfaction, devenir pâle. « Si c'est vrai, dit Marshal à la jeune fille d'un ton triomphant, je ne suis *pas* fichu. »

Mais elle se contenta de regarder intensément Bight, qui lui donna l'impression de s'être décomposé en entendant cette nouvelle, d'être surtout épuisé par son propre jeu. « Est-ce vrai ? » demanda-t-elle sobrement. Le visage de son ami, par sa blancheur, répondait de lui-même : « C'est vrai. »

VII

La première chose, de la part de nos amis – après que chacun des interlocuteurs, sortant un penny, se fut plongé dans la « dernière » dépliée – fut leur volonté évidente d'éviter que leur compagnon ne fût témoin de leur émoi, d'autant plus que Bight devait encore avoir, en dépit de son agitation, sa fonction à accomplir avec lui : précaution fort aidée par le vent que soufflait dans les voiles de Marshal le fait qui se présentait à eux. Avec la mort publique de Beadel, ce monsieur avait la voie libre dans les termes qui venaient d'être convenus ; c'était vraiment comme s'ils l'avaient vu, sur le moment, sauter dans le bateau qui était ainsi lancé, en ne prenant même pas le temps de s'assurer les équipements de base avant de se livrer à la brise. Ces équipements de base, il était entendu qu'il les recevrait entièrement de Bight dès que celui-ci en aurait le loisir ; mais rien n'aurait pu plus nettement indiquer sa confiance envers le jeune homme que la promptitude avec laquelle il paraissait prêt à s'en remettre à son inspiration. En outre, les nouvelles se résumaient à un fait palpitant et sinistre – c'était une lueur intense jetée par une Agence sur une chambre verrouillée couleur de sang, qui avait été finalement forcée par la police, dans le premier des hôtels de Francfort-sur-l'Oder ; mais il y en avait visiblement assez pour prêter à un examen, examen concrétisé, par notre jeune couple, en une lecture prolongée, approfondie, et répétée à tel point qu'elle semblait suggérer un doute qui, justement, dut faire légèrement perdre patience à Mr Marshal. En tout cas, il s'esquiva, pendant que ses complices, encore plantés dans la petite rue où ils étaient sortis, restaient le visage plongé dans le déploiement de colonnes imprimées, comme pour mieux communier avec elles. Ce fut seulement après qu'il fut parti que, peut-être machinalement, les autres baissèrent en même temps la page captivante, pour se regarder dans les yeux. Quelque chose de remarquable se produisit alors pour Maud, quelque chose d'aussi remarquable, du moins, que le suicide du pauvre Beadel, dont elle avait, rappelons-le, si fortement rejeté l'éventualité.

Mise avec son ami en présence de la tragédie, mise en présence du lointain Francfort, là où ils étaient, près de la porte de leur taverne étouffante, et dans l'air lourd de Londres, elle eut la vive conscience que la logique de sa situation aurait dû la pousser à rompre aussitôt avec Bight. Il était effrayé par ce qu'il avait fait – il manifestait si directement sa frayeur à sa compagne qu'elle aurait pu presque y distinguer une question désemparée sur l'étendue de sa responsabilité, si on la sondait –, et pas seulement du point de vue moral. Le désarroi de Bight était tellement évident que Maud n'avait pas besoin qu'il avouât la gravité de cette responsabilité, et par conséquent elle comprit comme jamais jusqu'où était allé son propre laxisme. Devant cette frayeur, elle sentit enfin à quel point elle avait eu raison – trop raison; et comme ce n'était naturellement rien d'autre que ce qu'elle attendait, tout ce qui maintenant passait silencieusement entre eux avait du moins le mérite de simplifier leur situation. Leur heure avait sonné, l'heure après laquelle elle ne devait plus pouvoir lui pardonner. Pourtant, ce qui se produisit, comme j'ai dit, fut qu'au bout de cinq minutes elle avait progressé, en dépit de la logique, non pour s'éloigner de lui, mais pour s'en rapprocher. En ces étranges moments, son compagnon lui paraissait être maculé de sang et littéralement aux abois; le cri répété des vendeurs de journaux, retentissant autour d'eux, ressemblait à un appel à la curée dirigé contre lui; et il y eut en particulier une minute durant laquelle, le regard perdu dans le Strand populeux, elle se demanda si elle ferait mieux d'entraîner son ami dans la foule, où ils seraient moins remarqués, ou de se diriger avec lui vers le paisible Covent Garden, vide à cette heure, mais où les policiers observeraient un couple furtif, et où les nouvelles braillées, les traquant dans la tranquillité, sonneraient comme la voix même de la justice. Ce fut dans la brusque terreur de cette perspective qu'elle se décida, et fut prise d'un désir de protection qui avait quelque chose à voir avec la pitié sans avoir de rapport avec la tendresse. En tout cas, cela réglait pour le moment la question de le quitter ; elle ne pouvait pas le quitter là, et de cette façon ; elle devait au moins voir comment il réagirait au choc.

La tournure qu'il prit, ce choc, donna de nouveau à Maud la mesure de la perversité avec laquelle Bight avait joué avec Marshal – avec laquelle il avait essayé, au bord même d'une fâcheuse posture, de tromper ses peurs et de leurrer son manque d'aise. Il avait insisté en face de sa victime sur la vérité avec laquelle il devait désormais compter, mais il avait insisté seulement parce qu'il n'y croyait pas. L'attitude qu'il avait adoptée s'était fondée sur l'idée que Beadel ne faisait que garder un profil bas ; et, par conséquent, qu'il n'aurait aucune promesse à accomplir. Mais à présent il en avait une, et Maud pouvait se demander si l'accomplissement, poussant leur malheureux ami à se lancer de plus belle dans sa danse fantasque, serait ce dont Bight aurait besoin pour apaiser la douleur du remords. Cependant, arrivé à ce point de raisonnement, elle se planta devant lui, lui ôta son journal des mains, le plia soigneusement avec le sien, les aplatit ensemble, puis en fit une boule tellement serrée qu'elle put la lancer au loin sans avoir l'air, qu'elle voulait éviter, de nier ou d'éluder avec désinvolture les nouvelles. Howard Bight, impuissant et passif, ne prenant en l'occurrence aucune mine composée, la laissa faire avec lui ce qu'elle voulait, la laissa, pour la première fois depuis qu'ils se connaissaient, glisser sa main sous son bras, comme s'il était un invalide ou comme si elle lui tendait un piège. Elle fit avec lui, ainsi guidé et soutenu, leur deuxième plongeon ; elle le conduisit, avec décision, directement à l'endroit où leur choc serait partagé et amplifié, l'entraîna, en le protégeant, dans l'artère encombrée, vers l'ouest, à travers les flots de la foule qui semblaient venir à eux pour les défier, et puis, atteignant avec lui le pont de Waterloo et descendant les marches de granit, l'emmena enfin sur le quai. Néanmoins, elle gardait pendant tout ce temps un fait devant les yeux, la vision de la scène dans la petite ville allemande, trop étrange pour être commentée : la porte fracassée, l'horreur découverte, les agents étonnés et insensibles, le monsieur anglais, enfin, dans la chambre en désordre, acculé au drame parmi une profusion d'objets personnels éparpillés qui ne l'identifiaient, ne le marquaient, que trop, et que les Journaux se mettaient déjà à citer – ce pauvre monsieur anglais traqué, réfugié, poussé à la mort par la chose qu'il avait pourtant si longtemps recherchée, gisant sur le sol avec son beau petit revolver encore en main, et avec son sang répandu d'une blessure – faite, avec une résolution rare, en plein visage – extraordinaire et épouvantable.

Elle continua avec son ami, vers l'est et au bord du fleuve, et c'était comme si tous deux, en la circonstance, avaient eu, dans leur silence, la même vision concrète et lugubre. Cependant Maud Blandy, au bout d'un moment, s'arrêta net – un des aspects du tableau la poussant à faire une halte. Il lui était soudain venu à l'esprit, avec une force irrésistible, que la catastrophe elle-même était peut-être, avec son caractère insondable, justement la chose sur laquelle son compagnon pouvait exercer sa main professionnelle ; de sorte que, curieusement mais manifestement, tandis qu'elle le regardait de nouveau avec réprobation et avec pitié, elle ne put pas pour autant s'empêcher d'estimer qu'il manquait quelque chose, de souhaiter qu'il fût là-bas pour saisir sa chance, et, surtout, d'avoir envie de lui faire part de cette réflexion, qu'elle avait au bord des lèvres : « Pourquoi n'êtes-vous pas sur place, mon vieux ? » Or cette question, si elle avait été effectivement posée, aurait bien pu ressembler à une incitation à le faire partir sans retard. Tel était pour le moment l'effet sur la pauvre Maud de l'habitude de ne mesurer le Temps qu'au cadran des Journaux. Elle avait admiré en Bight le véritable journaliste qu'elle-même n'était visiblement pas – même si ce n'était pas ce qu'elle avait *le plus* admiré en lui ; et il se pouvait qu'elle eût ressenti, en cet instant, le désir de mettre à l'épreuve le véritable journaliste. Il se pouvait qu'elle eût été sur le point de déclarer : « Votre vrai rôle, vous savez, serait de partir *tout de suite*, tel que vous êtes, avant tout le monde, certain comme vous pouvez l'être d'emporter le morceau. » Et il se pouvait qu'elle se fût ravisée, alors qu'ils étaient toujours immobiles, en cherchant à lire à travers la brume fluviale l'heure sur la face estompée de Big Ben. Elle devait d'avoir frôlé ce danger, et de l'avoir finalement évité, en partie au fait de s'être assez vite aperçue que la dernière chose à laquelle Bight aurait pu songer, même sous la provocation de l'ordre le plus formel, était qu'il risquait de rater la chance, ou le train, ou le bateau, ou l'avantage, que le véritable journaliste n'aurait pas manqués. Alors, le dévisageant, elle cessa de le considérer comme un véritable journaliste ; elle eut l'impression de le voir se débarrasser de ce caractère aussi complètement que de son manteau, de son chapeau, du contenu de ses poches, qu'il aurait posés sur le parapet avant de sauter dans les flots. Merveilleuse était la différence que cette transformation, indiquée par aucune parole et accompagnée d'aucun geste, opérait dans l'homme tel qu'elle l'avait jusqu'alors connu. Rien n'aurait mieux su exprimer pour elle le désarroi intérieur persistant de son ami. C'était, en l'occurrence, comme si elle n'avait pu lui poser une question sans augmenter ce désarroi ; et elle ne voulait pas l'augmenter, car elle se rendait compte plus que jamais qu'elle voulait se montrer généreuse. Quand enfin elle prononça d'autres paroles, ce fut justement pour ne pas le presser.

« Je pense à *elle*... la pauvre créature : c'est la première idée qui me vient. Je pense à elle en ce moment même... là-bas, au terminus de la " Park Line "... avec cette nouvelle hurlée à ses fenêtres. » Sur ce, s'étant ainsi à la fois retenue et soulagée, elle l'incita à se remettre en marche.

« Vous parlez de Mrs Chorner ? » demanda-t-il au bout d'un moment. Puis, quand elle lui eut vivement répondu : « Bien sûr... de qui d'autre ? », il déclara quelque chose à quoi elle ne s'attendait pas. « Naturellement on pense à elle. Mais elle ne peut s'en prendre qu'à elle-même. Je veux dire que c'est elle qui l'a poussé... » Cependant, Bight abandonna soudain ce qu'il voulait dire, car il était saisi d'une autre idée, qui les conduisit à une nouvelle halte. « À propos, ne pourriez-vous pas la voir ?

— La voir *maintenant*... ?

— " Maintenant " ou jamais... pour en tirer profit. Maintenant est exactement votre heure.

— Mais comment pourrait-ce être son heure à elle, en pleine tourmente ?

— Parce que c'est justement en pleine tourmente. Elle vous dira ce soir des choses qu'elle ne vous dira jamais par la suite. Ce soir, elle sera grandiose. »

Maud en resta bouche bée. « Vous voulez que je lui rende visite à une heure pareille ?

— Et que vous lui fassiez remettre votre carte avec un mot... oh, bien entendu, le mot qu'il faut !

— Et quel est le mot qu'il faut, selon vous ? demanda Maud.

— Eh bien, ma foi, " le monde vous désire "... ça fait en général l'affaire. Je l'ai rarement vu échouer, même dans les cas les plus inconcevables de profonde détresse. En tout cas, essayez toujours. »

La jeune fille, étrangement émue, réfléchit intensément. « Exiger d'elle de me laisser tout expliquer, voulez-vous dire ?

— C'est ça. Vous saisissez. Écrivez *ça*, si vous voulez... " Laissez-moi expliquer. " Car elle voudra expliquer. »

Maud réfléchit de plus belle – son ami paraissait avoir pris l'avantage sur elle en renversant les rôles. « Non, elle ne veut pas. C'est exactement ce qu'elle ne veut pas ; elle n'a jamais voulu. Et ce que lui, le malheureux, avait toujours voulu...

— Était précisément ce qui avait poussé la dame à demander un répit ? Je vous l'accorde. » Il commençait à se ressaisir. « Mais c'était avant qu'elle l'ait tué. Croyez-m'en, elle va bavarder, maintenant. »

Cela ne fit que forcer sa compagne à dire ce qu'elle pensait. « Ce n'est pas *elle* qui l'a tué. Ça, mon cher, vous le savez.

— Vous voulez dire que c'est *moi* ? Eh bien, alors,

dans ce cas, ma petite, c'est moi que vous devez " interviewer ". » Et il lui adressa un sourire apparemment sincère, d'un air étrange et suggestif, les mains dans les poches, au bord du fleuve gris et sous les grands lampadaires. « Ça ferait fureur !

— Vous seriez prêt à me dire ce que vous savez ? s'empressa-t-elle de demander.

— Oui, et même ce que j'ai fait. Mais pour les Journaux, si vous le prenez ainsi. Oh, seulement pour les Journaux ! »

Elle ouvrit de grands yeux. « Vous voulez donc que j'intervienne... ?

— Je ne " veux " pas que vous fassiez quoi que ce soit, mais je suis prêt à vous aider, je suis prêt à intervenir pour vous, sans hésiter, si c'est ce que vous-même voulez.

— Et ce que je veux... c'est vous démasquer ?

— Oh, fit-il en riant, je vaux la peine d'être démasqué, maintenant ! Vous le feriez très bien, vous savez. Et, pour vous aider, je suis là. Ce serait pour vous un fameux coup de pouce... songez-y ! »

Ce serait en effet un fameux coup de pouce, elle le voyait bien ; elle en était d'une certaine manière aussitôt persuadée. Mais la soumission de Bight la faisait trembler. Ce n'était pas une plaisanterie... elle *pouvait* le démasquer ; ou en tout cas elle pouvait le vendre pour de l'argent. L'argent, ainsi, était ce qu'il lui offrait, ou une chose qui valait de l'argent, ce qui revenait au même ; c'était ce qu'il voulait qu'elle eût.

Cependant, elle avait déjà conscience de ne pouvoir en avoir que sous la forme qu'il proposait, et par conséquent elle déclara, mais sans grande conviction : « Je garderai votre secret. »

Il la regarda plus gravement. « Ah, je ne peux pas vous le donner comme un secret. » Puis il hésita. « Je vous en obtiendrai une centaine de livres.

— Pourquoi ne les obtiendriez-vous pas pour vous-même ? demanda-t-elle.

— Parce que je ne m'intéresse pas à moi. Je ne m'intéresse qu'à vous. »

Elle réfléchit de nouveau. « Vous voulez dire que ce qui vous intéresse, c'est que je vous accepte ? » Puis, comme il la regardait fixement : « Comment pourrais-je vous accepter, si je vous traitais de cette façon ?

— Qu'ai-je à y perdre, déclara-t-il, étant donné que, d'après notre accord de l'autre jour, et avec la tournure qu'ont prise les choses, il n'est plus question que vous m'acceptiez ? Suivant ma proposition, vous obtiendrez du moins quelque chose d'autre à la place.

— Et vous, répliqua Maud, qu'obtiendrez-vous ?

— Je n'obtiens rien ; je perds. J'ai déjà perdu. Donc, je n'ai pas d'importance. » La façon dont elle le regarda pouvait signifier soit qu'il ne la satisfaisait pas soit que son dernier mot – si c'était son dernier mot – s'imposait de lui-même. Quoi qu'il en fût, elle décida qu'il avait encore de l'importance. Elle se remit bientôt en marche, et ils se promenèrent quelques minutes de plus. Il l'avait fait trembler, et elle continuait de trembler. Sa proposition, si on la considérait sérieusement, ne ressemblait à rien de ce qu'elle avait connu. Elle en sentait grandir l'intensité à chaque pas qu'elle faisait. Elle avait l'impression qu'aucune femme n'en avait reçu de semblable d'aucun homme, et elle se mit donc bientôt à la trouver inconcevablement romantique, et, d'une certaine façon, ainsi faite à brûle-pourpoint, absolument *dramatique* ; incomparablement plus dramatique que la nouvelle qu'elle avait apprise à l'improviste dans l'après-midi – nouvelle qui lui paraissait déjà fort lointaine. S'il plaisantait, la plaisanterie était pitoyable, mais s'il était sérieux, son idée était proprement sublime. Et il ne plaisantait pas. Cependant, il s'était remis à parler, mais, comme elle tremblait toujours, elle ne prêta d'abord pas attention à ce qu'il disait, dont elle n'eut conscience que lorsqu'elle l'entendit prononcer de nouveau le nom de Mrs Chorner. « Vous savez, si vous ne faites pas ça, quelqu'un d'autre le fera, et quelqu'un de pire pour elle. Vous m'avez dit qu'elle vous aimait bien. » Elle n'eut d'abord rien à lui répondre, et elle finit par s'arrêter encore une fois. C'était magnifique, sans doute, cette manière qu'il avait de la pousser à s'imposer au moment où il y renonçait pour lui-même. Cela faisait clairement partie, selon elle, de la sublimité de l'attitude de son compagnon ; car, manifestement, il ne devait tirer aucun avantage de ce qu'elle pourrait faire. Elle avait le sentiment qu'il désirait la lancer et la laisser aller, comme dernier service qu'il pouvait lui rendre. Et c'était d'autant plus évident qu'il insistait. « Vous savez, si elle vous aime bien, elle vous veut vraiment. Allez la voir en amie.

— Pour l'exposer aux rumeurs comme une amie ? demanda Maud Blandy.

— Oh, comme une amie venue des Journaux... venue des Journaux et travaillant pour eux, et ne pouvant lui accorder qu'une demi-heure avant de se précipiter dans les rédactions. Vous pouvez même le prendre d'un peu haut avec elle, poursuivit le jeune homme, oh, vous pouvez le faire sans crainte ! C'est la bonne façon... la vraie façon. » Et il changea de ton, presque comme s'il perdait patience. « Vous devriez avoir déjà compris ça, vous savez. »

Il y avait dans cette maîtrise de l'art horrible quelque chose qui la tenait encore sous le charme. Il connaissait toujours la vraie façon, et elle avait, malgré elle, l'impression d'apprendre la vérité de sa bouche. Seulement, elle ne voulait pas savoir la vérité – du moins pas celle-là. « Et si elle me trouve tout bonnement impudente, et qu'elle m'éjecte par la fenêtre ? C'est très facile pour ces gens-là, vous savez, quand on ne crie pas, on ne tape pas du pied, on ne s'accroche pas aux meubles ou aux rampes. Et, d'habitude, voyez-vous, je ne fais pas ça, dit-elle d'un ton pensif. Je commence toujours par m'assurer une retraite, si nécessaire, et quel que soit ce qui m'attend, ou ne m'attend pas, personne, je crois pouvoir m'en flatter, n'est capable de se retirer aussi splendidement que moi. Comme un éclair, simplement. Et si elle m'éjecte, comme j'ai dit, c'est *vous* qui vous retrouverez par terre. »

Il l'écouta avec un air inexpressif, et se contenta de déclarer : « Si vous la plaignez, ainsi que vous tenez à me le faire comprendre, c'est votre devoir. » Puis, comme s'il avait touché juste : « Votre devoir, veux-je dire, est d'essayer. J'admets, si vous voulez, qu'il y a un risque, quoique je n'en aie pas l'impression, avec mon expérience. En tout cas, qui ne tente rien n'a rien ; et, au pire, ce n'est que la perte d'une journée de travail, n'est-ce pas ? Il n'y a qu'une seule chose sur laquelle vous puissiez compter, mais c'est suffisant. La plus grande probabilité. »

Elle résistait, mais elle suivit. « La probabilité qu'elle se jette à mon cou ?

— Ce sera une chose ou l'autre, continua-t-il comme s'il ne l'avait pas entendue. Ou bien elle ne vous recevra pas, ou bien elle vous recevra. Mais si elle vous reçoit, votre fortune est faite, et vous pourrez regarder de haut cet âne d'un type commun. » Elle comprit qu'il parlait de Marshal, mais elle n'éprouva pas le besoin de relever cette allusion, et il avait déjà repris : « Elle ne cachera *rien*. Et vous non plus.

— Oh, moi non plus ? murmura Maud.

— Puis vous abuserez de sa confiance. »

Et il se remit en marche, comme pour mieux la décider, mais en ne lui en laissant guère le temps, car au même moment il jeta un coup d'œil sur sa montre ; leur promenade prolongée les mena devant une autre issue, où ils semblaient isolés parmi les perspectives d'une large avenue, d'immeubles massifs, du fleuve ample, des lointains flous, et alors il parut, en renouvelant leur halte et en levant les yeux vers la ville, désirer la presser de continuer son chemin. Entre-temps, elle avait réfléchi à beaucoup de choses, mais ce ne fut pas avant qu'elle l'eût fait passer devant la station Temple du métro qu'elle affronta sa situation. D'autres choses également l'avaient assaillie, la poussant à abandonner pour le moment le sujet de Mrs Chorner. « Est-ce que vous avez vraiment cru, demanda-t-elle enfin, qu'il allait revenir vivant ? »

Il la regarda d'un air sombre, les mains dans les poches. « Qu'imaginez-vous donc que j'aie cru, là-bas, avec Marshal ?

— Oh, je n'ai rien imaginé. J'ai renoncé. Vous me dépassez. Seulement, ajouta-t-elle, il me semble depuis avoir deviné que vous étiez vraiment ébranlé. Mais je ne dis pas ça pour vous tourmenter.

— Ne me tourmentez pas », fit très simplement Howard Bight.

Elle en fut émue, pour autant qu'elle pût se

l'avouer ; et ainsi elle eut durant un moment à se demander si ce serait le tourmenter que de lui faire part de certaines autres choses qu'elle pensait. Si elle devait accepter de l'épouser, ce ne pourrait être sans savoir, comme elle se le disait, quelque chose – quelque chose qui, si elle l'apprenait, lui permettrait peut-être d'atténuer la solitude dans laquelle le plongeait son sentiment de devoir faire pénitence. « Cependant, j'ai parfois imaginé que vous étiez encore en communication avec lui, jusqu'à un certain point. Puis j'ai cru m'apercevoir que vous aviez perdu contact... bien que vous m'ayez défié de le croire ; que vous vous étiez senti vraiment mal à l'aise, et que vous aviez renoncé à lui. J'ai cru m'apercevoir, poursuivit-elle après une hésitation, que vous commenciez à estimer que vous étiez allé trop loin avec lui... à sentir, si je puis dire, que vous auriez mieux fait de vous arrêter net. D'arrêter net tout *ça*, veux-je dire.

— Vous pouvez le dire, répliqua Bight. J'aurais vraiment mieux fait. »

Elle le dévisagea un instant. « Il y avait en lui des choses qui vous échappaient.

— Il y avait en lui des choses qui m'échappaient. Et maintenant, ajouta Bight en détournant les yeux vers le fleuve, plus rien ne nous échappe. Tout est là.

— Et vous avez l'impression d'avoir ça sur le cœur ?

— Je ne sais pas où je l'ai. » Il la regarda de nouveau. « Je dois attendre.

— De disposer de plus d'éléments ?

— Ma foi, répondit-il après un silence, il ne peut guère y avoir " plus " d'élements, si nous avons déjà tout. Mais il faut que je réfléchisse à certaines choses. Je dois attendre de bien savoir quelle est mon impression. Mais nous étions derrière un cheval emballé... qu'aucun de nous n'aurait pu arrêter.

— Et c'est *lui*, déclara Maud, qui a été mis en pièces. »

Il continuait de la fixer avec des yeux graves. « Vous auriez voulu que ce soit moi ?

— Bien sûr que non ! Mais ça vous a plu... d'être derrière un cheval emballé ; de le voir se précipiter vers un accident. Et puis vous avez commencé à être nerveux.

— Je suis toujours nerveux », dit Howard Bight.

Il avait dit cela avec une douceur inattendue, et, sentant qu'il y avait quelque chose qu'elle ne saisissait pas, elle en éprouva une légère irritation. « Ce que je veux dire, c'est que sa terreur vous a amusé. C'est ce qui vous a stimulé.

— Sans doute... c'était un cas grandiose. Mais c'est ça que vous appelez ne pas me tourmenter, m'accuser ainsi... ? demanda le jeune homme.

— Non, je ne vous tourmente pas, protesta-t-elle en s'immobilisant. Je ne vous accuse pas. Seulement, je me rends compte à quel point vous m'avez dit peu de chose, pendant tout ce temps, sur ce qu'il y avait *derrière*. Rien ne l'explique.

— Explique quoi ?

— Eh bien, son acte. »

Il ne manifesta aucun signe d'impatience. « N'est-ce pas justement l'explication que j'ai offert de vous donner il y a un instant ? »

Elle s'en souvenait, en effet. « Pour que je l'utilise ?

— Pour que vous l'utilisiez.

— Uniquement pour ça ?

— Uniquement pour ça. » C'était net.

Sur ce, ils se regardèrent fixement ; enfin, elle se détourna. « Je vais aller voir Mrs Chorner. » Et elle s'éloignait déjà tandis qu'il la suivait pour lui dire de prendre un fiacre. Son étrange insistance aurait pu faire croire qu'il allait lui payer son trajet.

VIII

Si elle se tint à l'écart, dès le lendemain, pendant trois jours, le choix de cette attitude fut aidé, pensa-t-elle avec gratitude, par le vacarme public causé par le grand événement, et sous le couvert duquel peu importait le sort des personnes privées. Ce n'était pas seulement qu'elle eût ses raisons ; c'était également qu'elle n'aurait pas pu durant cette période se rendre à Fleet Street même si elle l'avait voulu ; et pourtant, elle se disait souvent que son comportement était de la pure lâcheté. Elle laissa son ami seul avec ce qu'il devait affronter, parce qu'elle estimait qu'en son absence elle pourrait se ressaisir un peu. En sa présence, le soir des nouvelles, elle savait qu'elle s'était décomposée, qu'elle avait cédé, très vulgairement, à une faiblesse exclue pourtant par son point de vue initial. Son point de vue initial avait été que si le pauvre Beadel, poussé à bout, comme elle continuait obstinément à le considérer, devait avoir recours au remède tragique, Howard Bight ne pourrait pas ne pas paraître gravement compromis. Il ne pourrait pas ne pas sentir monter à lui les relents du sang du malheureux, qui seraient trop puissants pour permettre les pardons et les complaisances. Il y avait en vérité d'autres choses que, durant les moments qu'ils avaient passés sur le quai, il avait pu faire, mais elles ne faisaient que contribuer à la sinistre subtilité à laquelle il était bon qu'elle ne s'exposât pas de nouveau, pendant un certain temps. Elles étaient d'une nature, ces choses – elle pouvait s'en apercevoir, bien en sécurité sur le sommet de Maida Hill – qui s'était prouvée corrosive pour l'esprit embrouillé du fugitif de Francfort, privé de toute issue au milieu d'elles. Bight, bien sûr, cet excellent jeune homme, n'avait eu aucune intention de faire du mal ; mais, précisément, qu'y avait-il de plus bizarre, qu'y avait-il de moins humain, quand on y songeait, que d'être conduit à l'offense, à la malfaisance, par le simple jeu interne de l'esprit d'observation, de critique, bref, par la flamme inextinguible de la passion pour l'ironie ? La passion pour l'ironie, dans le monde dont on était environné, pouvait sans doute paraître former la moitié de la dignité et de la décence de la vie ; néanmoins, dans les cas où elle se révélait lugubrement fatale (non pour soi-même, ce qui n'était rien, mais pour d'autres, même stupides et vulgaires), on était clairement incité à – eh bien, à se retirer un moment pour réfléchir.

C'était ce que Maud Blandy, tandis que les Journaux rugissaient plus que jamais devant la viande fraîche qui leur était jetée, s'efforçait de se croire en train de faire ; de sorte qu'elle s'en tint fermement à son attitude durant la période de nouveauté de l'événement. L'événement prit de l'ampleur, ainsi qu'elle s'y attendait, à chaque nouvel élément venu de Francfort et à chaque édition spéciale, et il atteignit inévitablement son apogée à la lueur des commentaires et de la correspondance. Ces articles avaient indubitablement fini par flancher un peu avant la catastrophe, mais ils connaissaient un si prodigieux regain de vigueur, sous ce choc qui tombait pile, que, durant la période dont nous parlons, le pauvre monsieur semblait, dans la continuation et même l'accentuation de ses vieux et habiles procédés, avoir les éditions successives *entièrement* consacrées à lui. Bien sûr, ils lui avaient toujours été, les Journaux, très largement consacrés, mais ce n'était pas trop de dire qu'en ce moment de crise ils n'étaient consacrés à rien d'autre qui valût la peine d'en parler ; de sorte que notre jeune femme ne pouvait que gémir intérieurement à l'idée du fâcheux exemple ainsi donné à l'émule. Elle accorda un instant à la vision de Mortimer Marshal, le vit ivre, comme elle aurait pu dire, des simples vapeurs du vin de la gloire, et elle se demanda quel art Bight allait maintenant employer pour tenir la promesse qu'il avait faite à l'auteur de *Corisanda*. Le mystère du sort fatal de Beadel s'élargissait et s'approfondissait d'heure en heure à un point tel que le jeune homme devrait élaborer un plan fort ingénieux ; ou alors il en savait davantage que ne l'indiquaient ses attitudes et ses dissimulations. Assez curieusement, elle en vint toutefois à penser que son collègue imprudent s'accrochait à cette idée, au bénéfice de sa victime ; elle alla en fait jusqu'à l'imaginer soutenu, pendant que l'étonnement public s'épuisait, par la perspective de l'amusement qu'il pourrait encore tirer de Marshal. Cela impliquait, elle s'en rendait compte, qu'il avait une conception infernale de l'amusement, qui serait bien sûr particulièrement infernale s'il en savait vraiment autant qu'elle le soupçonnait. Il gonflerait leur stupide ami avec des nouvelles qui seraient fausses et le lancerait comme un ballon devant le monde ébahi. Cela procurerait l'ultime amusement – cette drôle de carrière d'un malheureux errant à jamais dans l'espace, avec la peur, acquise à temps, que le moindre contact avec la terre signifierait la destruction de sa nacelle. Redoutant ainsi de tomber, mais en même temps transi par le froid des altitudes solitaires auxquelles il se serait élevé, il deviendrait un grain minuscule, en restant toutefois une proie visible pour des rapaces humains, propre, elle pouvait le concevoir, à fournir à Bight de futurs divertissements.

Ce n'était cependant pas tant le futur qui était en question pour eux tous que le présent immédiat, qui s'offrait à elle dans la lumière obsédante du caractère inévitablement illimité de toute investigation authentique. L'investigation des Journaux, immense et ingénieuse, avait pour Maud ceci de bon qu'elle ne lui paraissait pas authentique. En vérité, elle abondait en hypothèses, pour la plupart assez inquiétantes, mais c'était avec l'esprit calme que la jeune fille considérait ce à quoi elles pouvaient conduire, et ce calme était peut-être un des avantages qu'elle devait à son habitude de respirer l'atmosphère de Fleet Street. Elle n'aurait pas su dire pourquoi, mais elle sentait que ce n'étaient pas les Journaux qui, de fil en aiguille, parviendraient à établir un lien vengeur entre Bight et son client décédé. Cette découverte proviendrait d'un autre domaine, et si le jeune homme était maintenant aussi mal à l'aise qu'elle estimait qu'il devait l'être, tout en espérant qu'il ne le fût pas, ce serait à cause d'une crainte de la justice comme la partagent les gens ordinaires. Les Journaux faisaient une investigation, mais les Autorités, ainsi qu'elle se les figurait vaguement, mèneraient une enquête ; ce qui était un processus – même international, entre Francfort et Londres, obéissant à quelque système compliqué dont elle ignorait le fonctionnement – plus susceptible de conduire à des révélations. Ce n'étaient pas, il n'est guère besoin de le dire, les révélations au sujet de Beadel qu'elle essayait d'éviter ; c'étaient les révélations au sujet de la personne qui avait fait de la position périlleuse de Beadel, et de sa peur – quelles qu'elles fussent en réalité –, l'usage que pouvait attester le drame de Francfort. En tout cas, il lui paraissait clair que si les réflexions de Howard Bight, dans ce contexte, concordaient avec les siennes, il serait au pire, ou même au mieux, heureux de la voir de nouveau. C'était parce qu'elle en avait conscience, et qu'elle restait pourtant à l'écart, qu'elle s'accusait de lâcheté ; c'était parce qu'elle se soumettait à son instinct d'observer, d'attendre de voir à quel point grandirait le danger. Et elle avait une raison de plus, dont elle s'aperçut bientôt. Les éditions spéciales parvenaient presque aussi rapidement à Kilburnia que dans le Strand ; les petites carrioles peintes, disséminées à cet effet, extraordinairement penchées par l'effort de leurs poneys, ne lui avaient jamais paru se lancer à une vitesse aussi furieuse le long d'Edgware Road. Il était vrai que chaque soir, quand les lueurs de Fleet Street se mettaient vraiment à fumer, elle devait résister à une vieille habitude ; et durant trois jours elle sut surmonter ces moments de crise. Ce ne fut que le quatrième soir qu'elle céda, en apercevant une affiche récente qui pendait à la porte d'une petite boutique située dans sa rue. Cet établissement vendait des boutons, des épingles, des rubans, et des bracelets d'argent, mais la branche de son activité à laquelle elle faisait appel était celle de la papeterie, des timbres, des télégrammes, et des « rochers » de chocolat qu'elle offrait à la voracité des nombreux enfants d'une de ses voisines. « Le Mystère Beadel-Muffet, Révélations Sensationnelles, Intervention du Ministère des Finances »

– en lisant ces titres elle s'arrêta de stupeur ; puis elle se décida. C'était comme si du haut de sa colline, du haut même de son toit, près duquel se trouvait la fenêtre de sa petite chambre, elle avait distingué des rougeoiements à l'est. C'était en effet une lumière flamboyante. Elle se remit en marche, elle se précipita à la recherche d'un fiacre, qu'elle héla « sans regarder à la dépense », comme elle en avait hélé un en quittant Bight au bord du fleuve. « À Fleet Street », demanda-t-elle simplement – et, en grimpant dans le véhicule, elle eut l'impression de revenir à la vie.

Oui, la vie revint à elle, amère, sans doute, mais savoureuse, quand, ayant fait arrêter son fiacre un peu avant sa destination, à Covent Garden, elle marcha vers le sud, jusqu'en haut de la rue où son ami et elle s'étaient séparés de Mortimer Marshal. Sa conviction, en chemin, n'avait fait que s'affirmer ; Howard Bight serait parti à sa recherche – cela, c'était certain ; quelque chose de nouveau, quelque chose de grave, s'était produit (elle s'en était aussitôt rendu compte en parcourant l'affiche pendue à la vitre de sa petite boutique), et donc il aurait compris qu'elle ne pouvait plus continuer ce que sans doute il appelait « son petit jeu ». La seule difficulté, c'était la diversité des endroits où ils avaient l'habitude de se rencontrer, mais qui toutefois étaient assez proches les uns des autres. Bref, il s'était sûrement mis en chasse, le chapeau rabattu sur les yeux ; et cette vision lui fit pour la première fois découvrir qu'elle avait dans son âme des germes d'idylle. L'idylle, l'autre soir, quand ils étaient au bord du fleuve, n'avait fait que les effleurer de son aile comme une chauve-souris aveugle, mais il y avait eu quelque chose de ce genre en *lui*, tandis que l'idée de lui porter secours comme à un anarchiste russe, à une victime de la société ou à un condamné à l'extradition venait entièrement d'elle, et n'était attachée qu'à ce moment particulier. Elle le *voyait* avec son chapeau sur les yeux ; elle le voyait avec le col de son manteau relevé ; elle le voyait comme un de ces héros traqués si bien évoqués dans les feuilletons hebdomadaires, ou, comme ils disaient entre eux, dans le « thiatre » populaire, et alors naquit aussitôt en elle une sorte d'agréable sensation d'immoralité possible. Telle était son impression d'idylle, et tout pour elle s'effaça devant l'intensité de ce frisson. Elle ne savait guère ce qu'elle pouvait faire pour lui, mais son espoir, aussi aigu qu'une douleur, était du moins de partager le danger qu'il courait. Il se trouva que cet espoir fut aussitôt couronné ; car elle se sentit en danger comme jamais lorsque, jetant un coup d'œil par la porte vitrée de leur taverne, elle aperçut, à l'intérieur, un homme immobile, raide et menaçant, qui la regardait fixement. Il tournait le dos aux lumières, de sorte que son visage dirigé vers la sombre ruelle était plongé dans les ténèbres, mais il était manifeste qu'elle était pour lui un objet d'intérêt. Et puis naturellement elle en vit davantage – elle vit qu'elle ne pouvait être l'objet d'un tel intérêt que pour son ami même, et que Bight avait donc été sûr qu'elle viendrait ; enfin elle entra, et il s'écarta en silence pour la laisser passer. Il avait en effet son chapeau enfoncé, et, malgré la chaleur de la salle, il avait très négligemment relevé le col de son imperméable.

Son silence contribuait à la perfection de l'effet de sa tenue – perfection qui, curieusement, s'accentua quand il se débarrassa de ses affaires pour s'asseoir avec son amie, dans le coin habituel où ils prenaient le thé ; ils étaient presque seuls dans la salle, avec personne d'autre à observer que le petit homme à lunettes bleues et à perruque qui avait frappé Marshal, la grande autorité sur la vie secrète des classes criminelles. Le plus étrange de tout, c'était qu'ils n'estimaient pas que cette présence constituât un danger, alors que désormais ils appartenaient essentiellement à la classe en question, selon le sentiment de Maud. Elle voulut presque aussitôt apprendre comment Bight avait pu savoir ; mais il éluda, ce qui ne la surprit guère. « Je l'ai su chaque soir... je savais, veux-je dire, que vous vouliez venir. Et chaque soir je suis venu ici, pour attendre de vous y voir. Ce n'était qu'une question de temps. Cependant, ce soir j'en étais sûr... car, après tout, il y a quelque chose qui doit être réglé avec moi. De plus, de plus... » Bref, il avait une autre certitude. « Vous aviez honte... je savais, en ne voyant rien venir, que vous aviez honte. Et aussi que ça vous passerait. »

Maud le trouva très futé, comme elle eût dit. « J'avais honte d'avoir peur, voulez-vous dire ?

— Vous aviez honte à cause de Mrs Chorner ; c'est-à-dire à cause de *moi*. Car je sais que vous êtes allée la voir.

— Vous y êtes allé vous-même ?

— Pour qui me prenez-vous ? » Il paraissait étonné. « Qu'ai-je à faire avec elle... sinon *pour* vous ? » Puis, avant qu'elle pût répondre : « Elle ne vous a pas reçue ?

— Oh, si ; elle me " voulait ", comme vous avez dit.

— Elle vous a sauté dessus ?

— Elle m'a sauté dessus. Elle m'a indiqué une heure. »

Il rougit d'un intérêt qui se transmua bientôt en amusement, malgré tout le reste. « Ainsi j'avais mille fois raison, dans ma parfaite sagesse ?

— Mille fois. Elle a admis l'idée.

— Que le public la désirait ?

— Qu'il n'accepterait pas un refus. Donc elle s'est mise à parler.

— Abondamment ?

— Comme une fontaine.

— Elle a débordé ?

— Ma foi, elle a reconnu et embrassé l'occasion que je lui fournissais. Elle m'a retenue jusqu'à minuit. Elle m'a tout raconté sur tout, comme elle a dit. »

Ils échangèrent un long regard, et Bight fit bravement tinter sa vaisselle. « Elle est prodigieuse !

— C'est *vous* qui êtes prodigieux, répliqua Maud, d'avoir deviné ça. Vous connaissez ces gens-là à fond.

— Oh, ce que j'ai deviné... ! » Mais il ne pouvait pas en dire davantage pour le moment. « Si je n'en avais pas été vraiment certain, je ne vous y aurais pas poussée. Seulement, voyez-vous, je ne comprends pas que vous l'ayez apparemment mise dans votre poche.

— Évidemment, vous ne le comprenez pas », admit Maud Blandy. À quoi elle ajouta : « Et je ne le comprends pas vraiment moi-même. Je sais seulement que maintenant que je l'ai dans ma poche, rien ne saurait m'induire à l'en sortir.

— Alors permettez-moi de vous dire que vous l'avez embobinée par des moyens absolument frauduleux.

— Absolument ; ce qui est précisément pourquoi j'avais honte. Je suis rentrée chez moi avec tous les éléments, expliqua-t-elle, et là-bas, en les tournant et les retournant jusqu'à l'aube, j'ai vu de quoi il s'agissait vraiment, et j'ai compris que je ne *pouvais pas*... que je préférais éprouver *cette* honte, celle de ne pas faire pour elle ce que je lui avais proposé, plutôt que d'avoir la hideuse honnêteté de publier ça. Parce que, voyez-vous, acheva Maud, c'était... eh bien, c'était *trop*. »

Avec quelle vivacité Bight la suivait ! « C'était si bon que ça ?

— C'était magnifique ! C'était épouvantable ! »

Il s'étonna. « Vraiment charmant ?

— Charmant, intéressant, horrible. C'était *vrai*... et c'était toute l'histoire. C'était elle-même... et c'était *lui*, c'était tout de lui, également. Il n'y avait rien d'inventé ; cette pauvre femme s'est liquéfiée, a débordé, et en même temps elle a explosé... comme un robinet quand l'eau est bouillante. Je n'avais jamais rien vu de semblable ; tout est sorti, je vous le garantis ; ça m'a appris beaucoup de choses. Donc, venir ici avec ça, essayer de le vendre, soit par votre intermédiaire, comme vous me l'avez aimablement proposé, soit moi-même, d'une façon effrontée... eh bien, j'ai finalement senti que je n'étais pas obligée de le faire si je n'en avais pas envie, et que si c'est pour moi le seul moyen de gagner de l'argent, alors je préfère encore mourir de faim.

— Je vois. » Howard Bight voyait tout. « C'est vraiment la raison pour laquelle vous aviez honte ? »

Elle hésita – elle était à la fois tellement désinvolte et tellement ferme. « Je savais que si je ne vous retrouvais pas, vous supposeriez que je voulais publier la chose ; exactement, en l'occurrence, comme *elle* l'a supposé. Et je ne pouvais pas me justifier. Je ne peux pas... je ne peux pas me justifier auprès d'*elle*. Donc, continua la jeune fille, étant donné l'attitude qu'elle a eue avec moi, j'aurai fait quelque chose de plus indélicat, de plus inconvenant, que de la publier. Je lui aurai tout extorqué, et puis, en ne mettant pas ça sur le marché, je l'aurai déçue et trompée. Elle s'attendait à être mise à la criée comme du hareng frais. »

Bight était captivé. « Oh, sans aucun doute. Vous êtes dans le pétrin. Vous avez joué un jeu très inhabituel, vous savez. Le code permet tout *sauf* ça.

— Justement. Je dois donc en subir les conséquences. Je suis déshonorée, mais il faudra que je fasse front. Et je ferai front en me retirant. En me retirant de tout ça, veux-je dire. Je vais les laisser tomber.

— Laisser tomber les *Journaux* ? » demanda-t-il dans sa simplicité.

Mais sa surprise était forcée – elle le vit à la tranquillité de son regard. « Au diable les Journaux ! » s'écria Maud Blandy.

Cela fit naître dans le visage triste et las de son compagnon le plus doux sourire qui l'eût jamais traversé. « À nous deux, si nous nous y appliquons, nous causerons leur perte ! Et vous ne tenez pas compte, poursuivit-il, de celui qui vous a si magnifiquement lancée ? Vous vous êtes plainte de ne pas pouvoir y pénétrer, expliqua-t-il. Et puis, soudain, d'un bond splendide, vous vous êtes trouvée dedans. Mais seulement pour regarder autour de vous et dire avec dégoût : " Quoi, c'est donc ça ? " Où diable voulez-vous être ?

— Ah, ça, c'est une autre question. Je peux du moins récurer le plancher, déclara-t-elle. Je peux peut-être effacer l'escroquerie que j'ai faite à Mrs Chorner, ajouta-t-elle, en récurant le *sien*. »

Il se contenta alors de la regarder un instant. « Elle vous a écrit ?

— Oh, d'un ton profondément offensé. J'aurais dû m'adresser également aux gens des coupures de presse, et elle aurait dû, dès le surlendemain, c'est-à-dire avant-hier, se voir publiée partout. Elle veut savoir quelle est mon intention.

— Et qu'avez-vous répondu ?

— Que c'est bien sûr difficile à faire comprendre, mais qu'après l'avoir quittée, j'ai simplement pensé qu'elle était trop bonne pour ça.

— Ce qui signifiait naturellement que vous estimiez que *vous* étiez trop bonne, rectifia-t-il.

— Oui, ça aussi, si vous voulez. Mais elle était exquise. »

Il réfléchit. « Est-ce qu'elle ferait l'affaire pour le *thiatre* ?

— Oh, mon Dieu, non !

— Alors pour une *nuvelle* ?

— Peut-être », dit enfin Maud Blandy.

Il comprit visiblement la nuance, de même que le silence consécutif, lesquels, ensemble, l'incitèrent à réfléchir un moment. Mais ce fut à autre chose qu'il fit allusion. « Et vous qui pensiez qu'ils ne mordraient jamais !

— Oh, j'avais tort ! répondit-elle simplement. Une fois qu'ils ont *goûté* au sang... !

— Ils veulent dévorer, enchaîna son ami en riant, non seulement l'appât et l'hameçon, mais aussi la ligne et la canne et le pauvre pêcheur lui-même ? Sauf, continua-t-il, que cette pauvre Mrs Chorner n'y a même pas " goûté ". Cependant, ajouta-t-il, elle y goûtera sûrement. »

Maud acquiesça pleinement. « Elle trouvera d'autres gens pour la publier. »

Il se tut un instant – il avait jeté un coup d'œil vers la porte d'entrée. « Alors il faut qu'elle fasse vite. Ce sont des choses à saisir sur l'heure.

— Vous avez entendu quelque chose ? » demanda-t-elle, ayant été frappée par son expression.

Il tendit de nouveau l'oreille, mais ce n'était rien. « Non... mais il y a quelque chose dans l'air.

— Quoi donc ?

— Eh bien, qu'elle doit se presser. Elle doit s'engager. Elle doit se dégager. » Il posa ses coudes sur la table, croisa ses mains, et pencha légèrement le visage vers sa compagne. « Ce soir, j'ai le sentiment que tout est transparent... Mais je ne sais pas ce qui se passe. C'est-à-dire à part que vous êtes fantastique. »

Elle le regarda sans reculer. « Vous savez tout... vous en savez infiniment plus que vous ne l'admettez ou que vous ne me le dites. Vous me déroutez et vous m'embarrassez mortellement. »

Il se mit à sourire. « Vous êtes fantastique, vous êtes fantastique, se contenta-t-il de répéter. Vous savez, c'est terriblement arrogant, ce que vous avez fait.

— Ce que je n'ai pas fait, vous voulez dire ; ce que je ne ferai jamais. Oui, ajouta-t-elle en s'enfonçant maintenant dans son siège, ça aussi, vous le voyez. Que ne voyez-vous pas, et, à ce compte, quel est le dernier mot avec vous ?

— Vous êtes fantastique, vous êtes fantastique, s'obstina-t-il. Et vous me plaisez. Voilà mon dernier mot. »

Alors ils s'en tinrent là durant une minute, puis elle en revint à la chose qui la préoccupait le plus depuis une demi-heure. « Quelle est donc cette " intervention " du ministère des Finances qu'on a annoncée ce soir ?

— Oh, ils ont envoyé quelqu'un là-bas, en partie à la demande des autorités allemandes, semble-t-il, pour prendre possession.

— Pour prendre possession de ses effets, voulez-vous dire ?

— Oui, et légalement, administrativement, de toute l'affaire.

— Dans l'idée qu'il y a là-dedans quelque chose de plus... ?

— Que ce qui saute aux yeux, oui, répondit Bight. Mais ils ne découvriront rien avant que l'affaire soit transférée ici, comme ça va être bientôt le cas. Alors ce sera drôle.

— Drôle ? demanda Maud Blandy.

— Oh, délicieux !

— Délicieux pour *vous* ?

— Pourquoi pas ? Plus l'affaire prendra de l'ampleur, plus elle sera délicieuse.

— Vous avez d'étranges conceptions de ce qui est délicieux, répliqua-t-elle. Ne craignez-vous pas qu'on remonte jusqu'à vous ? Ne craignez-vous pas d'être forcé de parler ?

— De " parler "... ?

— Eh bien, si on remonte jusqu'à vous. Quelle conclusion tirez-vous des événements de ce soir ?

— Vous appelez ça des événements ? s'étonna le jeune homme.

— Je veux dire les Révélations Stupéfiantes.

— Vous vous contentez donc de lire les titres ? On *s'attend* à des Révélations Stupéfiantes... voilà le vrai contenu du texte. C'est ça qui vous a fait sortir ? » ajouta-t-il.

Il s'expliquait si peu qu'elle ne put que répondre aussi évasivement. « Ce qui m'a fait sortir, c'est que je ne peux pas tenir en place.

— Moi non plus, reconnut-il. Mais à quel danger me croyez-vous exposé ?

— Le danger auquel vous vous croyez vous-même exposé, n'est-ce pas... Je ne parle pas du danger d'être pendu. »

Il la regarda d'une telle façon qu'elle s'aperçut qu'il était enfin sérieux – ce qui était autre chose que d'être retors ou ennuyé. « Le danger d'un discrédit public, voulez-vous dire... pour l'avoir si impitoyablement harponné ? En effet, concéda-t-il avec une franchise qui la surprit, j'y ai songé. Mais comment peut-on prouver que je l'ai harponné ?

— Si on prend possession de ses effets, ses effets ne seront-ils pas en partie ses papiers, et n'y trouvera-t-on pas des lettres de vous, et ces lettres ne seront-elles pas révélatrices ?

— Révélatrices de quoi ?

— Eh bien, de la frénésie avec laquelle vous vous êtes occupé de lui... et par conséquent de votre implication.

— Elles ne la révéleront pas à des crétins.

— Ce sont donc tous des crétins ?

— Tous, autant qu'ils sont... pour ce qui concerne quelque chose d'aussi magnifique.

— Magnifique ? murmura Maud.

— Oui, magnifique... mes lettres sont magnifiques... ce sont des joyaux de la plus pure eau. Je suis couvert. »

Elle se laissa aller – elle le regarda longuement. « Vous êtes merveilleux. Mais, tout de même, ajouta-t-elle, vous n'aimez pas ça.

— Ma foi, je n'en sais rien. » Ce qui pourtant signifiait clairement qu'il le savait quelque peu, étant donné la manière dont il posa une autre question pour compléter sa réplique. « Et vous n'avez rien à me dire sur les explications de Mrs Chorner ? »

Oh, quant à cela, elle avait déjà réfléchi et décidé. « Quel besoin en avez-vous alors que vous en savez beaucoup plus ? Beaucoup plus, veux-je dire, que ce qu'elle a pu savoir.

— Elle n'a donc pas su... ?

— Ah, nous y voilà ! À quoi faites-vous allusion ? » demanda Maud.

Elle l'avait fait sourire, mais d'un sourire sensiblement pâle. Et il répondit : « À ce qu'il y a derrière. Derrière mon petit jeu. Derrière tout.

— C'est donc bien ce dont je parle. Non, déclara Maud, elle n'a pas su, et elle ne sait pas davantage à cette heure, si je ne me trompe. Ses explications ne portaient pas sur ça. Elles portaient sur autre chose.

— Et sur quoi donc, ma chérie ? »

Mais il ne suffisait pas qu'il l'appelât ma chérie pour qu'il obtînt des éclaircissements ; car elle n'avait pas sacrifié son article pour en offrir gratuitement la fine fleur, même à *lui*. « Vous m'en avez très peu dit, vous le savez bien, et vous savez également qu'à l'instant même où vous me pressez de vous satisfaire vous ne me donnez rien. Je ne donne rien *pour* rien », conclut-elle avec un sourire, mais sans nullement rougir.

Il lui montra qu'il se sentait déconcerté, mais aussi qu'elle était perfide. « Ce que vous voulez que je vous dise, c'est justement ce dont vous m'avez dès l'origine déclaré ne pas vouloir entendre parler : c'est-à-dire une situation aussi épouvantable que la sienne. Vous avez compris que pour vouloir se tenir tranquille, il devait avoir honte de quelque chose, et c'était précisément ce que vous refusiez nettement d'apprendre, dans votre pitié. Depuis, vous vous y êtes, semble-t-il, beaucoup plus intéressée, fit Bight avec un sourire.

— Si je m'y suis intéressée, c'est parce que *vous* vous y êtes intéressé, rétorqua Maud. En tout cas, maintenant, je n'ai plus peur. »

Il attendit un instant avant de demander : « En êtes-vous bien sûre ?

— Oui, car finalement ma perplexité est plus grande que ma délicatesse. Je ne serai pas satisfaite, insista-t-elle avec une certaine difficulté, avant de savoir de quoi il a été question durant tout ce temps, et, par conséquent, de quoi nous avons parlé.

— Ah, mais pourquoi le sauriez-vous ? demanda le jeune homme. Je peux comprendre que vous en ayez besoin, ou qu'on en ait besoin en général, s'il s'agit d'une pièce de *thiatre*, ou même, à un moindre degré, d'une *nuvelle*. Mais puisque, ma pauvre petite, nous sommes au cœur même du délicieux fatras de la vie... !

— Ainsi, vous gardez toute la viande pour vous, et vous ne me laissez même pas un os à ronger ? » Maud fit reculer sa chaise ; elle avait pris ses gants ; mais, en les enfilant, elle ne quitta des yeux ni son ami ni ses reproches. « Je ne crois pas, lança-t-elle enfin, qu'il y ait, ou qu'il y ait jamais eu, quoi que ce soit.

— Oh, oh, oh ! fit Bight dans un rire.

— Il n'y a rien “ derrière ”, continua-t-elle. Il n'y a aucune horreur.

— Vous voulez dire, demanda Bight, que l'exploit de ce malheureux est entièrement mon fait ? C'est vraiment mauvais pour moi, vous savez. »

Elle se leva et, plantée devant lui, elle lissa ses gants froissés. « Alors nous sommes vraiment au *thiatre*... s'il y a de telles richesses.

— Eh bien, en tout cas, pour notre part, nous ne sommes pas les spectateurs. » Et il se leva à son tour. « Les spectateurs doivent se débrouiller tout seuls.

— Évidemment, les pauvres ! » soupira Maud. Et, tandis qu'il restait immobile comme s'il attendait qu'elle ajoutât quelque chose, elle rendit claire son intention – qui était maintenant celle de le tourmenter un peu. « Si vous savez sur lui des choses qu'elle ignore, et que moi aussi j'ignore, elle sait sur lui, et moi aussi, quelque chose que *vous* ignorez.

— Je n'en doute pas, puisque c'est justement ce que j'essaie de savoir de vous. Vous avez peur que j'aille le vendre ? »

Mais elle ne fut pas émue par cette raillerie, qu'elle prit en plus pour ce qu'elle valait. « Donc vous ne me raconterez vraiment rien ?

— Vous voulez dire que vous me raconteriez si moi je le faisais ? »

Elle hésita un instant. « Eh bien... oui. Mais à cette seule condition.

— Alors vous n'avez rien à craindre, dit Howard Bight. Je ne peux vraiment rien vous raconter, ma chérie. De plus, s'il doit y avoir des révélations... !

— Dans ce cas, j'attendrai jusque-là. Mais je dois vous avertir, ajouta-t-elle, que *mes* faits ne seront jamais révélés. »

Il réfléchit. « Et pourquoi donc, si elle est déjà assaillie ? Pourquoi donc, si elle accueille d'autres visiteurs que vous ? »

Ce fut au tour de Maud de réfléchir. « Elle les accueillera, mais *eux* ne l'accueilleront pas. Les autres sont comme les gens de votre ministère... des crétins. Les autres ne comprendront pas, ne compteront pas, n'existeront pas. » Et elle se dirigea vers la sortie. « Il n'y a *aucun* autre. » Elle ouvrit la porte, et elle gagnait déjà la rue quand, la rattrapant, il lui répliqua qu'il n'existait certainement personne comme elle ; mais à peine étaient-ils dehors que, avant même qu'elle pût lui répondre, ils furent interrompus, à leur grand désarroi. Il y avait quelqu'un qu'ils avaient oublié, qui était visiblement parti à leur recherche, qui avait été heureux dans son instinct de chasseur, et qui se présenta à eux sous la forme de Mortimer Marshal.

IX

Il allait entrer au moment où ils sortaient ; et son « j'*espérais* pouvoir vous trouver », exhalation de fraîche candeur qu'ils prirent en plein visage, eut l'effet, l'instant d'après, d'un grand tapis moelleux, chargé de motifs fleuris, soudain déroulé devant eux pour qu'ils y marchassent, et devant lequel ils éprouvèrent un scrupule. Leur exclamation, Maud en eut conscience, ne pouvait guère avoir passé pour un signe de bienvenue, et il fallut qu'elle vît le pauvre monsieur légèrement interdit, à son tour, par leur silence, pour s'apercevoir enfin à quel point ils étaient tous deux absorbés l'un par l'autre. Cependant, le visage de Marshal, tandis que, dans leur hésitation, ils ne proposaient ni de rentrer avec lui dans la taverne ni de l'entraîner quelque part ailleurs – son visage, béant comme un réceptacle en attente des instructions promises par Bight, sans profondeur mais offrant toutes les capacités de sa platitude, rappela tellement à notre jeune femme la vive envie que son compagnon avait excitée chez leur interlocuteur, qu'elle en conçut fugitivement – et par sympathie malgré la singularité de la folie du malheureux – le sentiment qu'avec elle aussi Bight s'était quelque peu amusé. Cela la mit, durant ce bref instant, dans une position d'étrange camaraderie avec leur solliciteur, en raison de laquelle, sans davantage réfléchir, elle se tourna vers son ami. Mais elle déclara simplement : « Voilà une magnifique occasion de répondre à l'impatience de Mr Marshal.

— Je suis venu à tout hasard pour vous rappeler que les heures passent », déclara Mr Marshal en rougissant.

Bight avait posé sur lui un regard sans doute ambigu. « Vous craignez que quelqu'un d'autre ne s'introduise ?

— Ma foi, la place est tellement tentante et tellement vacante... ! »

Maud prit de nouveau la parole à sa place. « Mr Marshal va peut-être un peu trop vite en la considérant comme vacante. »

Il se montra sensible, de sa façon ample et radieuse, à l'aide que lui offraient ces remarques légères et aisées. « Je veux m'introduire avant que quelque chose se produise, vous savez.

— Et que craignez-vous donc qu'il se produise ? demanda Bight.

— Eh bien, je voudrais être sûr d'être le premier, n'est-ce pas », répondit l'autre avec un sourire.

Sur ce, notre jeune femme prit le même ton suave, à l'adresse de son ami. « Faites en sorte qu'il soit le premier !

— Faites en sorte que je sois le premier ! » renchérit Mr Marshal.

Ils restèrent ainsi immobiles dans leur étrange conciliabule à trois, et leurs étonnants propos, en même temps que leur nombre, auraient pu les faire paraître, aux yeux d'un passant attentif, non seulement discuter de questions qu'on estime d'habitude réservées aux Parques, mais interpréter effectivement une scène de rencontre de ces puissances solennelles. « Que je fasse en sorte... ? » poursuivit gravement Bight, comme si pour le moment des abîmes s'ouvraient devant eux. Ce fut cependant tout ce qu'il eut le temps de dire, car, tandis que sa voix flottait encore dans l'air, une autre, d'abord lointaine et indistincte, y joignit une note inquiétante qui bientôt supplanta toutes les autres. Elle venait de Fleet Street, cette voix, elle traversait le grondement des rues, et elle poussa nos interlocuteurs à se regarder avec des yeux changés. Ils reconnurent alors la clameur familière du Strand, et il ne leur fallut plus qu'un instant pour la percer à jour. « Retour de Beadel-Muffet ! Incroyable Coup de *Thiatre* ! »

Coup de *thiatre*, en effet, et tellement incroyable que chacun d'eux devint aussi pâle qu'il l'avait été en apprenant quelques jours plus tôt les autres nouvelles au même endroit, et resta pétrifié en attendant que le cri se répétât de plus près comme le tonnerre par temps d'orage. Et ils ne surent pas lequel d'entre eux réagit le premier : « Retour... ?

— Retour d'entre les morts... on dirait ! fit le pauvre Marshal d'une voix tremblante et perçante.

— Il n'était donc pas... ? » s'écria Maud sur le même ton en se tournant vers Bight.

Mais ce génie n'était visiblement pas moins ébranlé. « Il est en vie ? » s'étonna-t-il dans une sorte de faible et long gémissement où l'admiration parut lutter d'abord avec la stupeur, puis avec un sens du comique, pour enfin triompher des deux. Howard Bight partit d'un rire incontrôlable – qui aurait aussi bien pu paraître presque hystérique à ses amis.

Les autres ne purent que le regarder fixement. « Alors qui est mort ? demanda Mortimer Marshal en s'étranglant.

— Je crains, Mr Marshal, que ce ne soit *vous* », répondit le jeune homme après avoir repris son sérieux. Il parlait comme s'il le voyait vraiment mort.

Le pauvre Marshal était perdu. « Mais quelqu'un a été tué... !

— Sans aucun doute, mais Beadel s'est arrangé pour survivre.

— Il a donc joué un jeu... ? » Cela dépassait l'entendement.

Ce n'était pourtant pas ce qui étonnait Maud. « Et pendant tout ce temps, vous le saviez vraiment ? » demanda-t-elle à Howard Bight.

Il lui adressa un regard qui d'abord la déconcerta, mais elle s'aperçut ensuite qu'il signifiait, à moitié avec amusement, à moitié avec tristesse, qu'il devait reconnaître que son génie était, après tout, limité. « J'aurais bien aimé. J'y ai cru.

— Tout le temps ?

— Non ; mais après Francfort. »

Elle se souvint de certaines choses. « Vous ne vous en êtes pas douté ce soir ?

— Seulement d'après l'état de mes nerfs.

— En effet, vos nerfs devaient être dans un de ces états ! » Et maintenant elle n'éprouvait aucune pitié pour lui. C'était presque comme si elle était franchement déçue. « Je n'y croyais pas, *moi*, déclara-t-elle hardiment.

— Si vous m'aviez dit ça, lui fit remarquer Marshal, vous m'auriez épargné un faux pas. »

Mais ce fut Bight qui lui répliqua. « Non, elle y croyait... pour pouvoir me punir.

— Vous punir... »

Maud tendit une main vers son ami. « Il ne comprend pas. »

Et, en effet, Mr Marshal avait pris un air misérable. « Non, je ne comprends pas. Je n'y comprends goutte.

— Ma foi, dit aimablement Bight, aucun de nous ne comprend. Nous devons renoncer.

— Vous pensez que je dois renoncer... ?

— Vous, monsieur, répondit Bight, plus que tout autre. Les places semblent prises. »

Mais son client s'accrochait. « Il ne va pas mourir de nouveau... ?

— S'il meurt de nouveau, il reviendra de nouveau à la vie. Il ne mourra jamais. C'est seulement nous qui allons mourir. Il est immortel ! »

Il leva et baissa les yeux, le questionneur ; il écouta la clameur du Strand, pas encore, apparemment, rapprochée par un des crieurs. Et pourtant ce fut comme si, accablé par la disparition de sa chance, il se savait trop faible même pour profiter de leur aide. Donc il implora de nouveau. « Ce sera un gros lancement pour lui ?

— Son retour ? Un lancement colossal. Imaginez ! C'était exactement ce que nous disions être l'idéal, l'autre jour, souvenez-vous-en. Je veux dire, précisa Bight avec un sourire, être perdu, et en même temps...

— Être retrouvé ? acheva le pauvre Marshal avec une incontrôlable avidité.

— Être lancé par son anéantissement, continua Bight, et en même temps n'avoir jamais été trop anéanti pour savoir comment il allait être lancé. »

Maud aussi trouvait cela merveilleux. « Avoir renoncé à tout, et en même temps tout obtenir.

— Oh, mieux que ça, répliqua son ami. Obtenir *davantage* que tout, et davantage que ce à quoi on a renoncé. Beadel, eut-il soin d'expliquer pour leur compagnon, obtiendra davantage. »

Mr Marshal se débattit avec cette idée. « Davantage que s'il était mort ?

— Davantage que s'il n'était pas mort ! dit Bight en riant. C'est ce que vous auriez aimé, si je comprends bien, n'est-ce pas ? Et c'est ce que vous auriez obtenu. C'est ce que *je* vous aurais aidé à obtenir.

— Mais qui donc l'a aidé, *lui* ? gémit Marshal.

— Personne. Son étoile. Son génie. »

Mortimer Marshal promena autour de lui un regard sombre comme pour chercher des appuis de ce genre dans sa propre sphère. Sa propre sphère embrassait aussi le Strand rugissant, mais – mystification à rendre fou ! – c'était du nom de Beadel que le Strand rugissait. Un crieur, de loin, en vue du groupe, gravissait déjà la pente. « Ah, mais, comment diable... ? »

Bight indiqua d'un geste la ressource que proposait le vendeur. « Allez voir vous-même.

— Mais vous n'en voulez pas ? demanda le pauvre Marshal tandis que les autres se mettaient en route.

— Des Journaux ? » Ils s'arrêtèrent pour répondre. « Non, plus jamais. Nous en avons fini avec eux. Nous renonçons.

— Pourrai-je vous revoir ? »

Le désarroi et un dernier appel se lisaient dans le visage de Marshal, mais Maud, qui avait saisi en un éclair ce qu'avait voulu dire son ami, trouva les mots justes pour répliquer. « Nous nous retirons des affaires. »

Puis ils se dirigèrent dans l'autre sens, en présentant leurs dos à Fleet Street. Ils montèrent ensemble le reste de la colline, marchant en silence, sans prêter attention à un autre garçon hurleur, sans être détournés par une autre édition spéciale, sans faire halte avant de se trouver, quelques minutes plus tard, dans la solitude relative de Covent Garden, encombré par les traces de son activité, mais désormais abandonné à la tranquillité. La clameur du Strand avait cessé, leur client avait disparu à jamais, et, du centre de l'espace vide, ils purent lever les yeux vers les étoiles. Une d'elles était évidemment celle de Beadel-Muffet, et en avoir conscience les empêcha, pour un moment, d'éprouver un sentiment arrogant de triomphe. Il restait suspendu au-dessus de leurs têtes, il régnait, immortel, sur la nuit ; ils étaient loin au-dessous, et il transcendait désormais leur monde ; mais une impression de soulagement, de fuite, de la lumière, encore flamboyante, de leur vieille ironie, les immobilisa face à face. Il y avait maintenant entre eux plus de choses qu'il n'y en avait jamais eu, mais elles ne les séparaient pas, elles les soutenaient en fait comme une eau profonde sur laquelle ils naviguaient côte à côte. Cependant, Maud avait encore une question à poser. « Tout ça a été tout le temps manipulé ?

— Ah, certainement pas par *moi*, Dieu m'en soit témoin... depuis que je l'ai perdu de vue.

— Alors par lui-même ?

— On dirait. Il se suffit largement à lui-même. Il me dépasse.

— Mais vous pensiez qu'il en serait ainsi, déclara-t-elle. Vous pensiez quelque chose. »

Bight hésita. « Je pensais que ce serait formidable s'il y parvenait. Et comme il y est parvenu... eh bien, c'est formidable. Mais, tout de même, moi aussi j'ai été roulé. Je suis roulé. C'est pourquoi je renonce.

— Et c'est donc pourquoi moi aussi je renonce. Nous devons faire quelque chose, ajouta-t-elle avec un sourire, qui exige moins de subtilité.

— Nous devons nous aimer, dit Howard Bight.

— Mais pourrons-nous en vivre ? »

Il réfléchit un instant ; puis il se décida. « Oui.

— Ah, objecta Maud, nous devrions être *litt'raires*. Nous tenons maintenant notre sujet.

— Pour la chère vieille pièce de *thiatre*, pour la *nuvelle* de premier ordre ? Ah, il faut un meilleur sujet que celui-là... quoique celui-là ne soit pas mauvais.

— En effet, accorda-t-elle après réflexion, il n'est pas mauvais, mais il a de graves lacunes. *Qui était l'homme mort dans la chambre d'hôtel verrouillée ?*

– Oh, je ne parle pas de ça. *Ça*, déclara Bight, il l'expliquera splendidement.

— Mais comment ?

— Eh bien, dans les Journaux. Dès demain. »

Maud s'étonna. « Si rapidement ?

— S'il est revenu ce soir, et il n'est pas encore dix heures, il a tout le temps. Ça paraîtra partout... pour répondre à l'attente de l'univers. Il nous tiendra dans le creux de sa main. C'est pour lui l'occasion idéale. Et ce sera sa grandeur, acheva le jeune homme.

— Plus grande que jamais ?

— Quadruplée. »

Elle en fut frappée ; et, du coup, elle lui saisit le bras. « Allez le voir ! »

Bight fronça les sourcils. « Le voir... ?

— À l'instant même. Pour *vous* expliquer. »

Il comprit l'idée de son amie, mais il secoua la tête. « Plus jamais. Je m'incline devant lui. »

Elle n'insista pas ; et elle réféchit de nouveau. « Vous pensez que la grande lacune est qu'il n'avait vraiment aucune raison, aucune frousse... ?

— Je me le suis demandé, dit Howard Bight.

— Vous vous êtes demandé s'il a fait quelque chose pour provoquer une publicité gênante ?

— Je me le suis demandé, répéta le jeune homme.

— Mais je croyais que vous le saviez !

— Moi aussi je le croyais. Mais je croyais également savoir qu'il était mort. Quoi qu'il en soit, ajouta Bight, il expliquera ça aussi.

— Demain ?

— Non... comme un problème différent. Disons après-demain.

— Oh, alors, s'il explique... ! s'écria Maud.

— Il n'y aura pas de lacune ? Je n'en sais rien ! » Et cela lui tira enfin un soupir. Il perdait patience, parce qu'il en avait fini ; bientôt, tout cela l'ennuierait. Car ils vivaient tellement vite ! « Il faudra beaucoup d'explications », se contenta-t-il de déclarer.

Il était logique qu'il fût détaché, mais elle s'interrogea un moment sur sa brusque lassitude. « Il y a toujours Mrs Chorner, n'oubliez pas.

— Ah oui, Mrs Chorner ; nous l'avons heureusement *inventée.*

— Mais, si elle l'a poussé à la mort... ? »

Bight réagit en riant. « C'est vraiment ça ? Elle l'a poussé ? »

Elle s'arrêta net, et, bien qu'elle sourît, ils restèrent un instant sur leurs gardes. « En tout cas, maintenant, elle va l'épouser, dit enfin Maud. Vous voyez donc à quel point j'avais raison. »

Mais il avait déjà perdu le fil, une autre préoccupation l'ayant envahi. « Vous aviez raison ?

— De ne pas vendre mon article.

— Oh, en effet. » Il s'en souvenait. « Parfaitement raison. » Mais tout cela le ramenait à autre chose. « Et *vous*, qui allez-vous épouser ? »

Pour toute réponse, elle le regarda d'abord en face. Puis elle promena les yeux autour d'elle, ne vit aucun obstacle, et alors, se penchant avec une tendresse qui la transforma tellement, qui la gagna tellement à quelque chose qu'elle n'avait encore jamais éprouvé, qu'un spectateur, s'il y en avait eu un, s'en serait aperçu, elle lui donna un baiser plein de gravité. « Ça, du moins, répondit-elle, nous pourrons le faire paraître dans les Journaux. »

Dans la collection
Les Cahiers Rouges

(dernières parutions)

Suzanne Lilar 131 *Le Couple*
Vladimir Maïakovski 112 *Théâtre*
Norman Mailer 184 *Les Armées de la nuit*
Curzio Malaparte 165 *Technique du coup d'État*
Eduardo Mallea 206 *La Barque de glace*
Clara Malraux 238 *Nos vingt ans*
Klaus Mann 177 *Mephisto*
Klaus Mann 178 *Le Volcan*
Thomas Mann 244 *Les maîtres*
Thomas Mann 133 *Mario et le magicien*
François Mauriac 237 *Le Mystère Frontenac*
François Mauriac 227 *La Robe prétexte*
François Mauriac 176 *Thérèse Desqueyroux*
André Maurois 232 *Le Cercle de famille*
André Maurois 180 *Les Silences du Colonel Bramble*
Paul Morand 113 *Champions du monde*
Alvaro Mutis 167 *La Dernière Escale du tramp steamer*
Alvaro Mutis 163 *Ilona vient avec la pluie*
Alvaro Mutis 159 *La Neige de l'Amiral*
Irène Némirovsky 122 *L'Affaire Courilof*
Gérard de Nerval 226 *Poèmes d'Outre-Rhin*
René de Obaldia 151 *Innocentines*
Edouard Peisson 183 *Hans le marin*
Édouard Peisson 212 *Le Sel de la mer*
Sandro Penna 239 *Un peu de fièvre*
Joseph Peyré 152 *Matterhorn*
André Pieyre de Mandiargues 118 *Le Belvédère*
André Pieyre de Mandiargues 119 *Deuxième Belvédère*
Henry Poulaille 219 *Pain de soldat*
Bernard Privat 221 *Au pied du mur*
Raymond Radiguet 200 *Le Diable au corps*
Charles-Ferdinand Ramuz 246 *Le garçon savoyard*
Charles-Ferdinand Ramuz 215 *Jean-Luc persécuté*
Charles-Ferdinand Ramuz 241 *Joie dans le ciel*
Auguste Rodin 245 *L'art*
Mark Rutherford 111 *L'Autobiographie de Mark Rutherford*
Vita Sackville-West 141 *Au temps du roi Edouard*
Claire Sainte-Soline 250 *Le dimanche des Rameaux*
Leonardo Sciascia 128 *L'Affaire Moro*
Leonardo Sciascia 110 *Du côté des infidèles*
Leonardo Sciascia 109 *Pirandello et la Sicile*
Jorge Semprun 144 *Quel beau dimanche*
Friedrich Sieburg 135 *Dieu est-il Français?*
Ignazio Silone 210 *Fontamara*
Osvaldo Soriano 233 *Quartiers d'hiver*
Roger Stéphane 209 *Portrait de l'aventurier*
André Suarès 136 *Vues sur l'Europe*

Imprimé en France par la société nouvelle Firmin-Didot

Première édition, dépôt légal : octobre 1997

N° d'édition : 10488- N° d'impression : 39670

ISBN : 2-246-55322-9

ISSN : 0756-7170